本书由国家自然科学基金项目"创新源分散化条件下开放式创新知识搜索定向及路径研究"(批准号：71562001)资助出版。

KNOWLEDGE SEARCH IN OPEN INNOVATION UNDER
THE CONDITION OF INNOVATION SOURCE DIVERSIFICATION

创新源分散化条件下开放式创新知识搜索

韦铁　杨梅　郭琴　谢林玲
刘俊文　高贝伦　黎茜　著

知识产权出版社
全国百佳图书出版单位
—北京—

图书在版编目（CIP）数据

创新源分散化条件下开放式创新知识搜索/韦铁等著. —北京：知识产权出版社，2021.3
ISBN 978–7–5130–7419–3

Ⅰ.①创… Ⅱ.①韦… Ⅲ.①企业创新—知识管理—研究 Ⅳ.①F273.1

中国版本图书馆 CIP 数据核字（2021）第 023183 号

内容提要

本书从创新源的动态变化趋势出发，探讨在创新源分散化条件下，开放式创新知识搜索的价值定向机制和路径优化等科学问题，为企业寻找有价值的创新源和制定相关的创新战略提供必要的科学理论依据。本书内容涉及该领域的研究发展动态、创新源分散化的演化动力、创新源的价值识别、知识搜索定向机制及搜索路径等理论和实践问题探讨。本书为创新管理研究相关领域的学者和研究生，以及感兴趣的读者提供理论参考和借鉴。

责任编辑：李小娟　　　　　　　责任印制：孙婷婷

创新源分散化条件下开放式创新知识搜索
CHUANGXINYUAN FENSANHUA TIAOJIANXIA KAIFANGSHI CHUANGXIN ZHISHI SOUSUO

韦　铁　等著

出版发行：	知识产权出版社有限责任公司	网　　址：	http://www.ipph.cn
电　　话：	010–82004826		http://www.laichushu.com
社　　址：	北京市海淀区气象路 50 号院	邮　　编：	100081
责编电话：	010–82000860 转 8531	责编邮箱：	lixiaojuan@cnipr.com
发行电话：	010–82000860 转 8101	发行传真：	010–82000893
印　　刷：	北京九州迅驰传媒文化有限公司	经　　销：	各大网上书店、新华书店及相关专业书店
开　　本：	720mm×1000mm　1/16	印　　张：	12.75
版　　次：	2021 年 3 月第 1 版	印　　次：	2021 年 3 月第 1 次印刷
字　　数：	196 千字	定　　价：	69.00 元
ISBN 978–7–5130–7419–3			

出版权专有　侵权必究
如有印装质量问题，本社负责调换。

前　言

2014年9月，李克强总理在夏季达沃斯论坛上提出了"大众创业、万众创新"的倡议。如今，"双创"已在我国落地生根、开花结果，正成为我国经济社会发展的一个重要推动力，引领着我国向创新型国家快速发展。在这个过程中，我们看到当今的创新模式越来越趋向于开放，越来越多有价值的创新活动来自企业员工、管理者、供应商、消费者、大学生，甚至普通民众等，如共享单车的创新就来自校园内大学生们的创意。互联网的普及更是加快了这种开放式创新的发展，各种创新虚拟社区、创客网站、创新创业大赛等层出不穷、方兴未艾，创新的来源越来越呈"分散化"发展趋势，这使得"人人都成为创新者"变成了一种可能。这给企业的创新活动带来了新的活力和机遇，同时，也给企业的创新管理提出了新的挑战，如在越来越分散的创新源中，如何更有效地识别出有价值的创新源，如何根据创新源的变化，及时调整战略以更灵活地制定出适应企业内外部情况变化的知识搜索策略，这些问题已成为当前理论和实践界亟须深入探讨的重要课题。

要解决这些问题，我们首先要从理论上认识创新源分散化发展的一般规律，并在该趋势下，了解"什么因素会影响各种创新源的价值"以及"由此带来怎么样的知识搜索方式和路径变化"等关键科学问题。为此，本书从创新源的动态变化趋势出发，探讨在创新源分散化条件下，开放式创新知识搜索的价值定向机制和路径优化等科学问题，为企业的知识搜索和创新战略制订提供必要的科学理论依据。本书在研究过程中，力求客观科学性、创新性和前沿性，大量融入了创新管理、知识管理和组织行为学等多学科的前沿理论；并坚持用客观数据说话，数据均来源于公开的网站、专利数据库等客观的数据源；研究方法上，主要以实证性的科学研究方法为主，同时引入文本分析、情感分析等新兴分析方法和工具；研究逻辑上，通过提出理论假设，再进行严谨的数据收集和假设验证，并根据实证结果讨论相关的管理对策，确保提出的对策具有一定科学性和理论性。希望本书能给相关领域的学者、政策制定者、企业管理者和感兴趣的读者提供帮助。

本书研究得到国家自然科学基金项目"创新源分散化条件下开放式创新知识搜索定向及路径研究"（批准号：71562001）的资助，本书也是该项目研究的最终成果。同时，本书的出版还得到知识产权出版社李小娟编辑的大力支持和帮助，在此表示衷心的感谢！

本书是课题组所有成员四年来辛勤劳动的成果，凝聚了每一个研究者聪明的智慧和大量的心血：本书第 1 章的撰写及全书的修改和统稿由韦铁完成，第 2 章的撰写由杨梅完成，第 3 章的撰写由郭琴完成，第 4 章的撰写由高贝伦完成，第 5 章的撰写由黎茜完成，第 6 章的撰写由刘俊文完成，第 7 章的撰写由谢林玲完成。在此，感谢每一位作者的辛苦付出！同时也感谢巩莺歌、韩泽铭、罗宇豪和石城宇等研究生在资料收集等方面的帮助。

韦铁

2020 年 6 月 26 日

目　录

第1章　绪　论 ·· 1
  1.1　研究背景和问题的提出 ·· 1
  1.2　国内外研究现状及发展动态 ·· 2
  1.3　研究意义 ·· 7
  1.4　主要研究内容 ··· 7
  1.5　本书的章节安排 ··· 9

第2章　创新源分散化发展及其驱动因素 ··································· 19
  2.1　创新源的概念 ··· 19
  2.2　创新源分散化发展的趋势 ··· 21
  2.3　创新源分散化发展的驱动因素 ·· 23
  2.4　有效促进创新源分散化的对策建议 ··································· 40

第3章　开放式创新社区创新源价值识别（Ⅰ）
      ——以星巴克 My Starbucks Idea 为例 ························ 49
  3.1　开放式创新社区概述 ··· 49
  3.2　开放式创新社区中创意实施价值的影响因素 ····················· 51
  3.3　模型框架及数据收集 ··· 55
  3.4　变量测量 ·· 59
  3.5　模型建立 ·· 62

3.6 模型结果 ································· 64
3.7 模型稳定性验证 ·························· 69
3.8 研究结论与管理启示 ······················ 71

第4章 开放式创新社区创新源价值识别（Ⅱ）
　　　——基于认知心理学视角 ················ 76
4.1 认知心理学的相关理论基础 ················ 76
4.2 研究假设 ································ 78
4.3 数据来源 ································ 83
4.4 变量设计 ································ 85
4.5 模型建立 ································ 88
4.6 结果分析 ································ 89
4.7 研究结论与管理启示 ······················ 92

第5章 创新源分散化下大学生创意投资价值研究 ······ 97
5.1 大学生创新源的研究 ······················ 97
5.2 基本概念界定 ···························· 98
5.3 研究假设 ································ 101
5.4 模　型 ·································· 103
5.5 研究结果 ································ 112
5.6 研究结论与管理启示 ······················ 118

第6章 创新源分散化下企业知识搜索方式研究 ········ 122
6.1 理论及假设 ······························ 122
6.2 实证研究 ································ 129
6.3 结论及管理启示 ·························· 154

第7章 创新源分散化下开放式创新知识搜索路径演化研究 …………… 160
7.1 知识搜索平衡与创新网络协同演化机制 ……………………………… 160
7.2 知识搜索平衡、创新网络对创新绩效影响的传导路径 ……………… 168
7.3 模型建立 ……………………………………………………………… 169
7.4 仿真实验设计 ………………………………………………………… 174
7.5 结果与讨论 …………………………………………………………… 176
7.6 管理启示 ……………………………………………………………… 188
7.7 研究结论与展望 ……………………………………………………… 191

第1章 绪 论

1.1 研究背景和问题的提出

当今全球创新的一个重要特征是创新源的分散化发展趋势,越来越多有价值的新思想、新观念来自普通消费者、大学生和网络虚拟社区成员等社会民众,创新源已经不再拘泥于"生产者中心"的科学家、实验室和研发团队,而加快向"用户中心"的大众化、平民化发展[1,2]。特别是随着互联网、社交网站和移动通信等技术的快速发展,"人人都是创新者"已成为可能。这种创新源的分散化发展极大地冲击着已有的开放式创新模式,如何高效地找到有价值的知识已成为当前理论研究和实践的关键问题。

然而,目前有关开放式创新知识搜索的研究仍滞后于实践的发展,如有关开放式创新知识搜索的研究,更多地集中在探讨其对创新绩效的影响等方面,而忽视从源头上研究在创新源动态变化条件下,如何确定和搜索有价值的创新源等更深入的搜索定向及路径问题。实际上,所有创新模式的演化都是组织外部条件和内部资源相互影响和作用的结果,开放式创新知识搜索方式也因外部创新源的动态变化和组织内部战略资源的改变而不断发生改变。因此,从源头上研究创新源分散化的动态变化对知识搜索的影响,并结合企业内部资源要素,深入探讨在创新源分散化条件下,开放式创新知识搜索的价值定向机制和路径优化问题,是当前开放式创新理论和实践亟待解决的基础科学问题,也是本书拟解决的最根本核心问题。

1.2 国内外研究现状及发展动态

1.2.1 开放式创新研究的总体回顾

目前,关于开放式创新的研究成果很多,主要集中在概念、模式、管理对策和绩效影响等方面。

切萨布鲁夫(Chesbrough)[3,4]最早提出开放式创新是综合利用企业内外部资源,通过多种方式如技术合伙、战略同盟等来为创新活动服务的一种创新范式。之后,大部分学者延续了切萨布鲁夫的概念框架,从不同角度对开放式创新的概念、特征进行了研究[5-9],都强调开放式创新是对组织内外部各种不同的创新源加以有效利用的一种开放创新范式[10]。

而在开放式创新模式方面,更多的研究是基于对不同行业、不同类型企业的实践来进行,如埃拉德(Elad)和海利(Heli)[11]、袁林和黄圆[12]、乔凡娜(Giovanna)等[13]、马佐拉(Mazzola)等[14]分别对软件、高科技、生物医药等不同行业的开放式创新实践进行研究,指出企业可通过吸引消费者、供应链上下游、员工等参与创新来实现开放式创新;圣柱(Sungjoo)等[15]探讨中小企业开放式创新的实现模式,认为中小企业可以借助中介机构实现开放式创新;杜晓静等[16]对基于互联网的开放式创新模式进行研究;韦铁和鲁若愚[17]通过 IBM 的案例研究,指出成功的开放式创新,可通过互联网广泛搜索各种创新源并加以有效管理来实现。

在开放式创新管理方面,费拉里(Ferrary)[18]、阿布鲁布(Abulrub)和李(Lee)[19]从风险管理等方面提出企业的应对措施;毛拉(Maula)等[20]、瓦雷斯卡等(Vareska)[21]、古尔莎(Gulsha)[22]从技术依赖性、组织和文化冲突、开放平台等角度研究开放式创新的风险问题;利兹坦赛尔(Lichtenthaler)和思斯特(Ernst)[23]、利兹坦赛尔(Lichtenthaler)[24]基于技术管理的视角提出了开放式创新的管理措施;杨武[25]、柴金艳[26]、王雎[27]、黄国群[28]从知识产权角度,提出开放式创新的知识产权管理问题;维兰(Whelan)等[29]、维兰等(Wenlan)[30]、马西莫(Massimo)等[31]从信息管理角度提出开放式创新中的信息和软件管理对策;李龙一和陶立华[32]、张庆华等[33]、王海花等[34]从知识挖掘、知识服务体系、知识共享等角度提出促进企业开放式创新的策略。

此外,从文献来看,大量的实证研究集中在开放式创新对创新绩效的影响方面。豪泽尔(Hauser)等[35]、利兹坦赛尔(Lichtenthaler)和恩斯特(Ernst)[36]、维尼(Vinit)和Johan(约翰)[37]、西索迪亚(Sisodiya)等[38]、陈钰芬和陈劲[39]、彭正龙等[40]、陈劲等[41]、赵立雨[42]等对开放式创新对组织绩效的影响进行了研究,指出不同开放式创新活动可以通过资源整合、知识共享、技术获取、产业集聚、企业联盟等多种途径来影响组织绩效。此外,还有部分学者关注开放式创新开放度对创新绩效的影响[43-49]。这些研究将开放式创新对外部资源的利用视为开放度(包括开放广度、深度等维度),来研究其对创新绩效的影响,从而也使开放式创新研究与知识搜索(knowledge search)进一步融合在一起,成为一个重要发展趋势。

从总体来看,目前开放式研究的成果虽然很多,涉及的面也很广,但存在的问题主要有:一是概念性、框架性的研究居多,更多的研究仍停留在基于切萨布鲁夫的概念框架去解释各种开放式创新的实践,而缺乏更深入性和指导性的研究。二是总结性的研究居多,理论性的研究相对不足。更多的研究是从不同行业、不同类型的开放式创新实践来总结其在各行业中的成功做法、管理经验等,而深入性地探讨开放式创新模式的演化规律、管理特征等具有普适性的理论研究不足,缺乏突破性的基础理论成果。三是验证性的研究居多,大多研究是对开放式创新的创新绩效进行验证,而对开放深度和宽度的具体实现方式研究不足,特别缺乏在当前创新源分散趋势下,如何实现开放深度和宽度的研究,对实践的指导性还不够强。

1.2.2 开放式创新框架下的知识搜索研究

早在开放式创新概念提出以前，知识搜索就已引起学者的关注，如纳尔逊（Nelson）和温特（Winter）[50]、罗森科普夫（Rosenkopf）和内卡尔（Nerkar）[51]提出知识搜索是超越组织和技术边界去寻求新知识新信息的过程。而随着开放式创新研究的兴起，知识搜索的研究更多地从组织行为学融入创新研究领域，与开放式创新的创新度等研究融合在一起，成为一个重要发展趋势。

在该领域中，知识搜索研究主要集中在搜索程度对创新绩效的影响等方面。这方面的研究更多是基于卡蒂拉（Katila）和阿胡贾（Ahuja）[52]提出的两个维度的研究框架来进行，即搜索深度（search depth）和搜索宽度（search scope），其中搜索深度是指企业对外部知识反复利用的频率；搜索宽度是指企业在多大范围搜索新的知识。这两个维度是目前知识搜索研究的最主要分析框架，对后续的研究具有重要影响。其中卡蒂拉和阿胡贾[52]、劳尔森和索尔特[43]、陈衍泰等[53]、杨宇威[54]等通过实证研究得出知识搜索宽度和深度与创新绩效呈倒"U"型关系的重要结论；吴伟池[55]、洪茹燕[56]、任（Ren）等[57]研究知识搜索深度和宽度对创新绩效的正向增强效应。

而什么因素又会对知识搜索产生影响也引起了关注。吴晓波等[58]研究了组织资源、搜索经验、技术特性等与搜索宽度和深度的关系；罗芳[59]、杨宇威[54]、陈璐[60]研究了企业战略、网络嵌入性、管理者解释等对知识搜索深度和宽度的影响；德雷克斯勒（Drechsler）和耐特（Natter）[61]指出企业的研发活动、技术管理、财务活动等会对知识搜索产生重要影响；罗格比（Rogbeer）等[62]研究表明企业联盟的数量与知识搜索广度呈"U"型关系，而技术的多样性并不影响企业知识搜索的宽度。少数学者结合上述两个方面同时进行研究，如高忠仕[63]指出国际企业联盟的知识转移会对知识搜索产生影响,进而影响组织学习绩效;李强[64]从正式—非正式搜索的视角,研究了冗余资源和知识属性对于外部知识搜索宽度的影响,及其进而对产品创新绩效的影响。

从文献来看,知识搜索作为实现开放式创新的一个重要途径受到越来越多研究的关注。然而,现有的研究存在如下问题:一是缺乏从创新源的动态变化视角来探讨知识搜索的具体定向和路径问题,特别是在当前创新源越来越分散化的趋势下,有价值的创新源在哪里?如何搜索?搜索路径如何确定?这些关键理论问题仍需要进行深入研究。二是在知识搜索的影响因素方面,大多数研究仍主要是基于组织行为理论,如组织经验、组织变革、企业联盟、管理者行为等角度进行,而对创新源的变化这一影响知识搜索的关键性问题缺乏深入探讨。三是更多的研究还主要集中在知识搜索对企业创新绩效影响方面,而对企业知识搜索方式如何主动适应外界资源变化的研究不足。四是更多是基于特定行业企业知识搜索的案例研究,如国外偏向关注跨国企业联盟、国内偏向关注制造型企业等,研究结论的普适性不强,仍缺乏更深层次的理论基础研究。

1.2.3 创新源的相关研究

创新的新思想、新知识等来源,即创新源是学者们研究的重要领域。总体来看,该领域的研究大致按以下两个框架进行。

一是创新源的类型特征。早期的研究更多是以创新过程来划分[65,66],而随着创新源的多样化发展,越来越多的研究是以创新源的组织类型来划分,包括企业 R&D 部门(研究与开发)、管理者、员工等内部创新源和顾客、供应商、合作伙伴等外部创新源[67-73]。OECD[74]更系统地将外部创新源分为外部市场创新源、公共机构创新源和综合信息创新源三大类 18 小类,以及劳尔森和索尔特[43]将其分为四大类 16 小类。

二是不同创新源对创新的影响。该方面的研究主要包括顾客、员工、供应商等各种不同组织形式的创新源对创新的影响。例如,希佩尔(Hippel)[75]、阿拉姆（Alam）[76]、魏江等[77]、张红琪和鲁若愚[78]、布尔（Boor）等[79]对顾客创新源在创新中的作用进行了研究。冯旭等[80]、卢施（Lusch）等[81]研究了员工创新源在创新中的作用。尼科莱特（Nicolette）等[82]、侯吉刚等[83]、李霞等[84]研究了供应商创新源在创新中的作用。格拉柏赫（Grabher）和伊贝尔（Ibert）[85]研究了社区创新源对创新的影响等。此外，还有学者对各种创新源的综合效益进行了研究，如韦铁和鲁若愚[86]构建了一个基于企业、供应商、顾客等多主体参与的开放式创新模型，证明随着更多的创新源加入企业的创新，将有利于创新绩效的整体提高。韦铁和鲁若愚[87]进一步提出了一个基于Hotelling改进模型的创新战略区间定位模型，探讨了企业在创新源利用方面的差异化竞争战略问题。

而随着ICT（information and communications technology，信息与通信技术）技术的快速发展，创新源的分散化问题开始引起了学者们的关注，如希佩尔[1]、比尔格拉姆（Bilgram）等[88]、宋刚等[89,90]、赫斯塔特（Herstatt）[91]、巴格斯（Bagers）[92]等提出了创新大众化的观念，认为随着网络通信技术的发展，创新源不再局限于组织的物理界限，其分散化可最大限度地发挥人类自身的创造力和想象力，来突破已有的组织创新困境。这种分散化、平民化的创新源研究目前虽然还没有形成系统的理论，但类似的"微创新""草根创新"等概念已引起学界关注，并逐渐成为研究的一个热点和趋势[93]。

从文献来看，目前创新源的研究存在的主要问题有：一是对创新源的动态演化研究不足，特别对当前创新源分散化的发展仍缺乏深入的理论和实证研究；二是现有的研究更多是静态地探讨各种形式的创新源对创新绩效的影响，而对创新源发生变化时，其对开放式创新的实现方式产生何种影响研究不足；三是缺乏对企业如何调整创新方式，主动适应创新源的变化进行研究，包括最关键的核心问题，如何更有效地搜索和捕捉有价值的创新源的研究仍有待加强。

1.3 研究意义

综上所述，当前开放式创新中的知识搜索研究和实践尚属起步阶段，仍有待进一步深化发展，本研究从创新源的动态发展视角，探讨在当前创新源分散化发展趋势下，开放式创新的具体定向和路径问题，具有良好的理论创新空间和现实指导意义。

（1）从创新源分散化发展视角分析创新源的动态变化特征及其对开放式创新搜索方式的影响，弥补当前该领域研究普遍对创新源变化关注不足的缺陷，增强从源头和根本性因素去解释开放式创新方式变化的基础理论问题，促进形成新的具有相对普适性的基础理论。

（2）解释开放式创新在创新源动态变化趋势下，知识搜索的定向和路径等问题，将卡蒂拉和阿胡贾的搜索深度和宽度两维度的经典研究框架拓展和深化到一个新的具体研究领域，可进一步增强开放式创新知识搜索方式理论研究的现实解释力。

（3）当前开放式创新的实践发展十分迅速，特别在搜索大众化、平民化的创新源方面，而现有的研究已滞后于实践的发展，本研究拟拓展和深化现有研究，探讨在创新源分散化趋势下的知识搜索定向和路径等具体实现问题，为当前开放式创新实践提供理论基础支撑与决策依据。

1.4 主要研究内容

围绕创新源分散条件下，开放式创新知识搜索定向及路径等问题，本研究将从创新源分散化演化动力、创新源的价值识别、知识搜索定向机制及搜索路径等问题开展研究。

1.4.1 创新源的内涵及其分散化演化动力

一是对创新源的内涵进行了探讨。鉴于现有研究对创新源的内涵和类型划分较为混乱，本书在研究中，对创新源的内涵进行新的界定，提出了创新源具有二重属性的观点并按照创新源的信息和载体特征对创新源进行分类。

二是以专利为例，建立一个创新源分散化演化驱动因素模型，从理论和实证层面来探讨影响创新源分散化发展的因素，探讨了开放式创新环境下，创新源分散化发展的驱动机制，为创新源的分散化发展提供理论解释。

1.4.2　开放式创新模型下的创新源价值识别

一是探讨了开放式创新社区中创意的价值识别，主要从创意信息特征、创意情感特征和创意提供者特征三个层面，探讨创意实施价值的影响因素，并通过构建二值 Logistic 回归模型，利用星巴克的 My Starbucks Idea 社区和戴尔的 Dell IdeaStorm 众包社区的数据进行相关实证研究，并提出开放式创新社区创意价值识别的管理策略。

二是为解决开放式创新社区中，创意价值识别的信息超载问题，从认知心理学角度，基于首因效应等理论着重从创意标题入手，探讨开放式创新社区中，创意价值的影响因素。本书以小米社区为案例，对小米开放式创新社区中创意标题对创意实施价值的影响进行实证研究，以期解决开放式创新社区中，普遍面临的信息超载问题提供新的思路和理论依据。

三是对大学生创新源价值特征进行研究，并以第二届中国"互联网＋"大学生创新创业大赛为案例，探讨大学生创新源价值的影响因素，为大学生创新源价值识别提供理论和实证依据。

1.4.3　创新源分散化条件下的企业开放式创新知识搜索定向机制

为探讨在开放式创新模式下，企业如何捕捉有价值的创新源，本书基于创新扩散等理论，探讨在创新源分散化发展趋势下，企业不同的知识搜索方式对专利产出的影响，以分析不同知识搜索方式对创新绩效的影响机制，为企业的知识搜索定向提供理论参考。

一是研究了知识分散化对不同企业知识搜索及创新绩效的影响,将创新源分散化、知识搜索和创新绩效三者联系起来,更深入地探讨了创新源头的动态变化对创新搜索效果的影响机制。

二是探讨了不同类型企业的知识搜索策略问题。考虑不同行业特征,对创新源分散化下不同类型企业的知识搜索方式进行了探讨,为实践中不同类型的企业的知识搜索策略制定提供理论依据。

1.4.4　创新源分散化条件下的开放式创新知识搜索路径

为探讨创新源分散化条件下的知识搜索路径优化问题,本书将复杂网络系统建模思想和方法引入对创新源分散化下的知识搜索问题研究,在模拟和仿真复杂条件下,不同知识搜索方式对网络演化和创新绩效的影响,通过建立复杂创新网络中企业的"知识搜索—知识转移—知识创新"三阶段的适应性行为规则,利用动态加权无标度网络模型和基于 Agent 的仿真方法对创新源分散化条件下,企业知识搜索间断平衡和双元平衡模式下的创新网络和创新绩效的动态演化过程进行建模,并且采用 Netlogo 软件对模型进行模型仿真和数据分析,并从政府、产业和企业三个层面提出相应的管理启示,为解决精准知识搜索定向和高效的知识搜索路径问题提供理论依据和决策参考。

1.5　本书的章节安排

围绕上述研究内容,本书的章节安排如下:第 1 章主要介绍本研究的背景、意义、国内外研究状况、研究的主要内容等情况;第 2 章对创新源的内涵及创新源分散化的趋势特征、驱动因素进行研究;第 3 章主要以星巴克的 My Starbucks Idea 为例,对开放式创新社区的创意价值识别理论、模型及其实证进行研究;第 4 章以小米社区为例,基于认知心理学的视角和创意标题因素,对开放式创新社区的创意价值进行识别研究;第 5 章以第二届中国"互联网+"大学生创新创业大赛为例，探讨大学生创新源投资价值的影响因素；第6章以专利这一创新源为例，探讨在创新源分散化发展趋势下，企业不同的知识搜索方式对创新绩效的影响机制；第7章基于复杂网络系统理论，探讨创新源分散化下的知识搜索方式对网络演化和创新绩效的影响。

本书研究的逻辑和内容框架如图1-1所示。

第1章 绪论		
研究背景与问题	国内外研究现状及发展动态	研究意义和主要内容

第2章 创新源分散化发展及其驱动因素			
创新源的概念	创新源分散化发展的趋势	创新源分散化发展的驱动因素	有效促进创新源分散化的对策建议

第3章 开放式创新社区创新源价值识别（Ⅰ）			
开放式社区概述	开放式创新社区中创意实施价值的影响因素	实证研究	管理启示

第4章 开放式创新社区创新源价值识别（Ⅱ）			
认知心理学的相关理论基础	研究假设	实证研究	管理启示

第5章 创新源分散化下大学生创意投资价值研究				
大学生创新源的研究	基本概念界定	研究假设	实证研究	管理启示

第6章 创新源分散化下企业知识搜索方式研究		
理论及假设	实证研究	管理启示

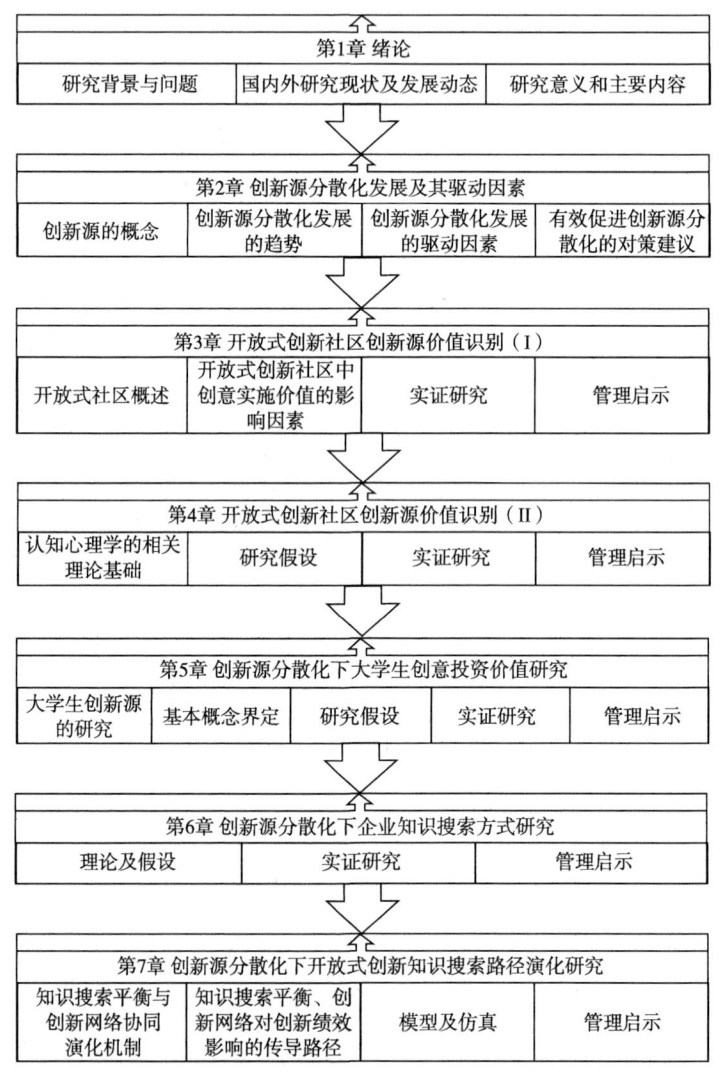

第7章 创新源分散化下开放式创新知识搜索路径演化研究			
知识搜索平衡与创新网络协同演化机制	知识搜索平衡、创新网络对创新绩效影响的传导路径	模型及仿真	管理启示

图1-1 研究逻辑与内容框架

参考文献

[1] HIPPEL E V. Democratization of innovation [M]. Boston: MIT press, 2005.

[2] 张宇涛. 面向知识社会的民主化创新模式研究 [D]. 哈尔滨:哈尔滨师范大学, 2012.

[3] CHESBROUGH H. Open Innovation, the new imperative for creating and profiting from technology [M]. Boston: Harvard business school press, 2003.

[4] CHESBROUGH H. Managing open innovation [J]. Research technology management, 2004, 47 (1): 23-26

[5] KIRSCHBAUM R. Open Innovation in practice [J]. Research - technology management, 2005, 48 (4): 24-28.

[6] BENJAMIN CHIAO, JOSH LERNER, JEAN TIROLE. The rules of standard setting organizations: an empirical study [J]. The RAND journal of economics, 2007, 38 (4): 905-930.

[7] MARCEl B., JOEL W. Managing distributed innovation strategic utilization of open and user innovation [J]. Creativity and innovation on management, 2012, 21 (1): 61-75.

[8] 陈劲,陈红芬. 开放创新体系与企业技术创新资源配置 [J]. 科研管理, 2006, 27 (3): 1-8.

[9] 袁健红,李慧华. 开放式创新对企业创新新颖程度的影响 [J]. 科学学研究, 2009, 27 (12): 1892-1898.

[10] 韦铁. 多主体参与的服务创新管理模式研究 [D]. 成都:电子科技大学, 2010.

[11] ELAD H, HELI K. Applying open innovation in business strategies: Evidence from Finnish software firms [J]. Research policy, 2010, 3 (39): 351-359.

[12] 袁林,黄圆. 开放式创新视角下中国高技术产业技术获取途径研究 [J]. 科技与产业, 2013, 13 (2): 30-35.

[13] GIOVANNA LO NIGRO, AZZURRA MORREALE, GIANLUCA ENEA. Open innovation: A real option to restore value to the biopharmaceutical R&D [J]. International Journal of production economics, 2014, 3 (149): 183-193.

[14] MAZZOLA E, ERRONE G P, KAMURIWO D S. Networkembeddedness and new

product development in the biopharmaceutical industry: the moderating role of open innovation flow [J]. International journal of production economics, 2015, 160 (2): 106–119.

[15] SUNGJOO L, GWANGMAN P, BYUNGUN Y, et al. Open innovation in SMEs—An intermediated network model [J]. Research policy, 2010, 39 (2): 290–300.

[16] 杜晓静, 耿亚青, 沈占波. 基于互联网的开放式创新模式研究: 背景、特点和组成系统 [J]. 科技进步与对策, 2014, 31 (4): 10–15.

[17] 韦铁, 鲁若愚. 多主体参与的服务创新模式管理研究——基于 IBM 案例的分析 [J]. 技术经济与管理研究, 2012, 189 (4): 26–29.

[18] FERRARY M. Specialized organizations and ambidextrous clusters in the open innovation paradigm [J]. European management journal, 2011, 29 (3): 181–192.

[19] ABULRUB A, LEE J. Open innovation management: challenges and prospects [J]. Social and behavioral sciences, 2012 (24): 130–138.

[20] MAULA M, KEIL T, SALMENKAITA. Open innovation in systemic innovation contexts [M] //Open innovation: researching a new paradigm. New York: Oxford University Press, 2006: 241–257.

[21] VARESKA V, JEROEN P, WIM V, et al. Open innovation in smes: trends, motives and management challenges [J]. Technovation, 2009, 29 (6–7): 423–437.

[22] GULSHAN S S. Innovation management: reaping the benefits of open platforms by assimilating internal and external innovations [J]. Social and behavioral sciences, 2011 (25): 46–53.

[23] LICHTENTHALER U, ERNST H. Technology licensing strategies: the interaction of process and content characteristics [J]. Strategic organization, 2009, 7 (2): 183–221.

[24] LICHTENTHALER U. Technology exploitation in the context of open innovation: Finding the right 'job' for your technology [J]. Technovation, 2010, 30 (7–8): 429–435.

[25] 杨武. 基于开放式创新的知识产权管理理论研究 [J]. 科学学研究, 2006, 24 (2): 311–314.

[26] 柴金艳. 基于开放式创新模式的企业知识产权管理 [J]. 工业技术经济, 2008,

27（9）：18-20.

[27] 王雎. 开放式创新下的占有制度：基于知识产权的探讨［J］. 科研管理，2010，31（1）：153-159.

[28] 黄国群. 开放式创新中知识产权协同管理困境探究［J］. 技术经济与管理研究，2014（10）：22-25.

[29] WHELAN E, TEIGLAND R, DONNELLAN B, et al. How internet technologies impact information flows in R&D：reconsidering the technological gatekeeper［J］. R&D management，2010，40（4）：400-413.

[30] WHELAN E, TEIGLAND R, DONNELLAN R, et al. Beyond the customer：opening the agile systems develop-ment process［J］. Informtion software technology，2011，53（5）：535-542.

[31] COLOMBO M G, PIVA E, ROSSI-LAMASTRA C. Open innovation and within-industry diversification in smalland medium enterprises：the case of open source software firms［J］. Research policy，2014，43（5）：891-902.

[32] 李龙一，陶立华. 基于信息技术的开放式创新研究［J］. 科技管理研究，2009，29（11）：19-22.

[33] 张庆华，彭晓英，杨姝. 开放式创新环境下的企业知识服务体系研究［J］. 科技管理研究，2014（19）：133-136.

[34] 王海花，蒋旭灿，谢富纪. 开放式创新模式下组织间知识共享影响因素的实证研究［J］. 科学学与科学技术管理，2013，34（6）：83-90.

[35] HAUSER J, TELLIS G J, GRIFFIN A. Research on innovation：a review and agenda for Marketing Science［J］. Marketing science，2006，25（6）：687-717.

[36] ERNST L. Opening up the innovation process：the role of technology aggressiveness［J］. R&D Management，2009（1）：38-54.

[37] VINIT P, JOHAN F. Inbound open innovation activities in high-tech SEMs：the impact on innovation performance［J］. Journal of small business management，2012，50（2）：283-309.

[38] SISODIYA S R, JOHNSON J L, GRÉGOIRE Y. Inbound open innovation for enhanced performance：enablers and opportunities［J］. Industrial marketing management，

2013, 42 (5): 836 – 849.

[39] 陈钰芬, 陈劲. 开放式创新促进创新绩效的机理研究 [J]. 科研管理, 2009, 30 (4): 1 – 9.

[40] 彭正龙, 王海花, 蒋旭灿. 开放式创新模式下资源共享对创新绩效的影响: 知识转移的中介效应 [J]. 科学学与科学技术管理, 2011, 32 (1): 48 – 53.

[41] 陈劲, 梁靓, 吴航. 开放式创新背景下产业集聚与创新绩效关系研究——以中国高技术产业为例 [J]. 科学学研究, 2013, 31 (4): 623 – 629.

[42] 赵立雨. 开放式创新对企业创新绩效影响研究——内部 R&D 与环境波动的调节作用 [J]. 科学学与科学技术管理, 2014, 35 (6): 119 – 127.

[43] LAURSEN K, SALTER A. Open for innovation: the role of openness in explaining innovation performance among UK manufacturing firms [J]. Strategic management journal, 2006, 27 (2): 131 – 150.

[44] ALMIRALL E, CASADESUS R. Open versus closed innovation: a model of discovery and divergence [J]. Academy of management review, 2010, 35 (1): 27 – 47.

[45] KEUPP M, GASSMANN O. Determinants and archetype users of openinnovation [J]. R&D management, 2009, 39 (4): 331 – 341.

[46] 陈钰芬, 陈劲. 开放度对企业技术创新绩效的影响 [J]. 科学学研究, 2008, 2: 419 – 426.

[47] 陈劲, 吴波. 开放式创新下企业开放度与外部关键资源获取 [J]. 科研管理, 2012, 33 (9): 10 – 21.

[48] 李平, 陈红花, 刘元名. 开放式创新模式下创新开放度实证研究 [J]. 中国科技论坛, 2014 (1): 10 – 15.

[49] 闫春, 蔡宁. 创新开放度对开放式创新绩效的作用机理 [J]. 科研管理, 2014, 35 (3): 18 – 24.

[50] NELSON R R, WINIER S. An evolutionary theory of economic change [M]. Cambridge: Harvard University Press, 1982.

[51] ROSENKOPF L, NERKAR A. Beyond local research: boundary – spanning, exploration, and impact in the optical disk industry [J]. Strategic management journal, 2001, 22 (4): 287 – 306.

[52] KATILA R, AHUJA G. Something old, something new: a longitudinal study of search behavior and new product introduction [J]. Academy of managementjouranl, 2002, 45 (8): 1183-1194.

[53] 陈衍泰, 宁钟, 司春林. 集成外部创新源的自主创新行为模式——江浙沪闽241家企业的实证分析 [J]. 经济管理, 2006, 5: 11-15.

[54] 杨宇威. 网络嵌入性、知识搜索与创新绩效关系研究 [D]. 广州: 华南理工大学, 2014.

[55] 吴伟池. 关系嵌入性、外部知识搜索与创新绩效的关系: 一个探索性多案例研究 [D]. 杭州: 浙江大学, 2013.

[56] 洪茹燕. 集群企业创新网络创新搜索及创新绩效关系研究 [D]. 杭州: 浙江大学, 2013.

[57] REN S, EISINGERICH A B, TSAI H T. Search scope and innovation performance of e-merging-market firms [J]. Journal of business research, 2015, 68 (1): 102-108.

[58] 吴晓波, 彭新敏, 丁树全. 我国企业外部知识源搜索策略的影响因素 [J]. 科学学研究, 2008, 26 (2): 364-372.

[59] 罗芳. 外部知识搜索策略影响因素研究 [D]. 杭州: 浙江大学, 2010.

[60] 陈璐. 管理者解释对组织外部知识搜索的作用机制研究 [D]. 杭州: 浙江大学, 2011.

[61] DRECHSLER W, NATTER M. Understanding a firm's openness decisions in innovation [J]. Journal of business research, 2012, 65: 438-445.

[62] ROGBEER S, ALMAHENDRA R, AMBOS B. Open-innovation effectiveness: when does the macro design of alliance portfolios matter? [J]. Journal of international management, 2014, 20 (4): 464-477.

[63] 高忠仕. 知识转移、知识搜索及组织学习绩效关系研究 [D]. 杭州: 浙江大学, 2008.

[64] 李强. 外部知识搜索宽度的前因及其创新绩影响机制研究——基于正式—非正式搜索的视角 [D]. 杭州: 浙江大学, 2013.

[65] ROTHWELL R, ROBERTSON A B. The role of communications in technological innovation [J]. Research policy, 1973, (2): 204-225.

[66] ABERNATHY W J, UTTERBACK J M. Patterns of industrial innovation [J]. Technology review, 1978: 40-47.

[67] MARC S M H, SELIGER R. Product platforms in software development [J]. Solan management review, 1998: 61-74.

[68] HIPPEL E V. The sources of innovation [M]. New York: Oxford University Press, 1988.

[69] SIRILLI G, EVANGELISTA R. Technological innovation in services and manufacturing: results from Italian surveys [J]. Research policy, 1998, 27 (9): 881-899.

[70] VERWORN B, LÜTHJE C, HERSTATT C. Innovationsmanagement inkleinen und mittleren unternehmen [M]. Hamburg: TU Hamburg-Harburg, 2000.

[71] 王圆圆, 周明. 企业开放式创新中的利益相关者管理 [J]. 市场研究, 2008, 4: 49-52.

[72] LI X. Sources of external technology, absorptive capacity, and innovation capability in Chinese state-owned high-techenterprises [J]. World development, 2011, 39 (7): 1240-1248.

[73] BENGTSSON L, RYZHKOVA N. Managing a strategic source of innovation: online users [J]. International journal of information management, 2013, 33: 655-662.

[74] OECD. Oslo manual [OE/OL]. (2005-05-10) [2020-09-10]. http://www.sourceoecd.org/scienceIT/9264013083.

[75] HIPPEL E V. User toolkits for innovation [J]. Journal of product innovation management, 2001, 18 (4): 247-257.

[76] ALAM I. Removing the fuzziness from the fuzzy front-end of service innovations through customer interactions [J]. Industrial marketing management, 2006, 35 (4): 468-480.

[77] 魏江, 胡胜蓉, 袁立宏, 等. 知识密集型服务企业与客户互动创新机制研究: 以某咨询公司为例 [J]. 西安电子科技大学学报（社会科学版）, 2008, 18 (3): 14-22.

[78] 张红琪, 鲁若愚. 基于顾客参与的服务创新中顾客类型的研究 [J]. 电子科技大学学报（社科版）, 2010, 12 (1): 25-29.

[79] BOOR P V D, OLIVEIRA P, VELOSO F. Users as innovators in developing countries: the global sources of innovation and diffusion in mobile banking services [J]. Research policy, 2014, 43: 1594-1607.

[80] 冯旭, 鲁若愚, 彭蕾. 服务企业员工个人创新行为与工作动机、自我效能感关系研究 [J]. 研究与发展管理, 2009, 21 (3): 42-49.

[81] LUSCH R F, VARGO S L, BRIEN M. Competing through service: insights from service-dominant logic [J]. Journal of retailing, 2007, 83 (1): 5-18.

[82] NICOLETTE L, CHRISTIAN B, ARJAN W. Coordinating supplier involvement in product development projects: a differentiated coordination typology [J]. R&D management, 2006, 36 (1): 55-65.

[83] 侯吉刚, 刘益, 杨翩翩. 供应商参与对制造商产品创新模式影响的分析 [J]. 科学学与科学技术管理, 2008, 29 (5): 48-51.

[84] 李霞, 项平, 宋素玲, 等. 供应商参与对创新风险的影响因素的概念模型 [J]. 武汉理工大学学报（信息与管理工程版）, 2010, 32 (1): 147-150.

[85] GRABHER G, IBERT O. Distance as asset? Knowledge collaboration in hybrid virtual communities [J]. Journal of economic geography, 2014, 14 (1), 97-123.

[86] 韦铁, 鲁若愚. 多主体参与的开放式创新模式研究 [J]. 管理工程学报, 2011, 25 (3): 133-138.

[87] 韦铁, 鲁若愚. 基于 Hotelling 改进模型的服务创新差异化竞争战略研究 [J]. 管理工程学报, 2013, 27 (3): 69-73.

[88] BILGRAM V, BREM A, VOIGT K. User-centric innovation in new product development [J]. International journal of innovation management, 2008, 12 (3): 419-458.

[89] 宋刚, 纪阳, 唐蔷, 等. Living Lab 创新模式及其启示 [J]. 科学管理研究, 2008, 26 (3).

[90] 宋刚, 张楠. 创新2.0: 知识社会环境下的创新民主化 [J]. 中国软科学, 2009 (10).

[91] BRAUN V, HERSTATT C. User-innovation: barriers to democratization and IP licensing [M]. New York: Routledge, 2009.

［92］ BAGERS M, AFNAH A, BASTIAN B. User as innovators: a review, critique and future research directions［J］. Journal of management, 2010, 36 (4): 857－875.

［93］ 赵付春. 企业微创新特性和能力提升策略研究［J］. 科学学研究, 2012, 30 (10): 1579－1583.

第 2 章　创新源分散化发展及其驱动因素

本章将阐述创新源的概念，并分析创新源分散化的发展趋势。通过建立一个创新源分散化演化驱动因素模型，利用专利数据，从理论和实证层面来探讨影响创新源分散化发展的因素，最后在此基础上提出促进创新源分散化的对策建议。

2.1　创新源的概念

对于创新的来源问题，长期以来，人们认为创新来源于提供生产或服务的企业。而在20世纪80年代，美国教授希佩尔（Hipple）[1]经过大量的实证研究，发现了制造商、用户及原料供应商都可以成为创新的来源。随后学者们在此基础上展开了有关创新源来源问题的探讨。孟华兴和季小江[2]、李青[3]等认为，创新源是将某项创新技术开发成达应用状态的企业或个人。基于企业角度来说，创新源可以分为内部创新源和外部创新源，其中外部创新源来自企业外部，也称外部知识源[4]。希佩尔（Hipple）[5]将外部创新源分为政府和私人研究机构、用户和供应商、竞争对手、大学这几类。基于这一研究，越来越多的学者对创新源的分类问题展开了探讨。劳尔森（Laursen）和索尔特（Salter）[6]将外部创新源从机构类、市场类、标准类及其他知识源类这四大类分为十六个小类。比利亚尔迪（Bigliardi）和加拉茨（Galati）[7]将外部创新源分为供应商、用户、竞争对手、大学、科研机构、其他行业企业、创新中介及其他这八类。高顺成[8]认为，企业创意除了来源于企业外部用户，也可来源于企业内部的非研发人员。彭运芳和乔新周[9]认为在企业内外部能为企业创新活动提供信息、知识或技术的所有组织及个人都可以称为创新源。他们将内部创新源分为研发部门、生产部门和营销部门这几种；将外部创新源分为竞争者、供应商、用户、研究机构、政府、技术中介及大学等。郑永康[10]基于思科的案例对开放式创新条件下的创新源展开了研究，发现开放式创新模型下，企业边界逐渐模糊，企业之间相互渗透，企业在创新过程中不仅可以使用自己企业所拥有的资源，也可以使用外部环境渗透进来的资源，因此供应商、竞争对手、其他企业、科研机构、技术中介服务机构、政府、行业协会及企业内部的生产、采购、市场和研发等部门都可以成为创新源。

以上学者主要是从创新源的提供者角度对企业技术创新的来源问题进行了详细的分类，阐述了创新源既可来源于企业内部也可来源于企业外部。而另一部分学者从创新源的载体角度，对创新源进行了分析。吴贵生和王毅[11]认为，首次将某项技术开发为可应用的状态的企业或个人都可称为创新源。郑永康[10]认为期刊、媒体和研讨会等公开技术源也是另一个重要的创新资源，是低成本的技术信息源。万兴亚和许明哲[12]从中小企业角度出发，认为只要能够满足创新构思、研究开发等创新链环节所需的技术性事物都是引发企业的技术创新的创新源，强调了狭义上的创新源指的是专利或科技成果。而随着互联网技术及技术渠道畅通化的高速发展，创新正在以科研机构为主体的模式，向整个社会层面扩散。郭琴[13]基于对星巴克开放式创新平台的研究，认为创新源从信息表现上包括新方法、新创意、新思想、专利和技术方案显隐性创新资源；从人格载体上可分为企业、科研院所、用户和竞争对手等组织或个体。

基于现有研究，本书认为创新源是指能为创新活动提供新创意、新知识、新技术方案等重要信息的客体。创新活动能以之为源头，开展相关研究开发或技术组合、生产新产品（新服务）或改进新工艺，并最终实现商业价值。

创新源具有典型的二重属性如图2-1所示。

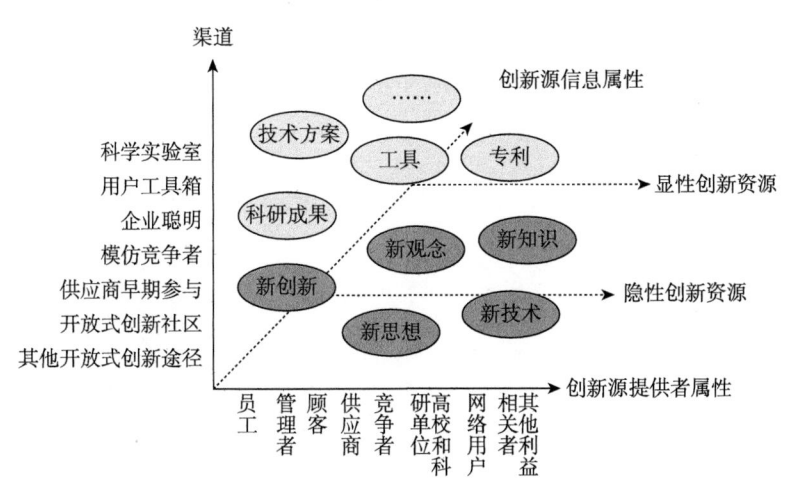

图2-1 创新源的二重属性和类型

一是创新源提供者属性。创新源提供者可以包括企业员工、管理者、顾客、供应商、竞争者、高校和科研院所等组织或个人，这些创新主体通过科学实验室、用户工具箱、企业联盟和开放式创新社区等渠道为创新活动提供新的创意、知识和技术等，这些提供者本身即创新源。

二是创新源的信息属性。从新的创意、知识和技术等创新来源的信息形式来看，创新源包括新创意、新思想、新观念、新技术和新知识等隐性知识的创新源，以及科技论文、技术方案、工具和专利等显性知识的创新源，它们为创新活动提供了最初的知识信息来源，是信息属性上的创新源。

2.2 创新源分散化发展的趋势

随着科学技术的发展和教育水平的提高，企业创新活动的来源——新知识、新创意和新技术等创新源呈现分散化的发展趋势。而从创新源提供者属性角度来看，以专利为例，我国的专利申请人数量自2004年起出现了大幅提升，同时不同类型的申请者也呈增长趋势（见图2-2），这表明我国专利创新源正呈现着分散化的发展趋势，形成了以企业为主体，高校和其他机构等创新提供者越来越多的局面。

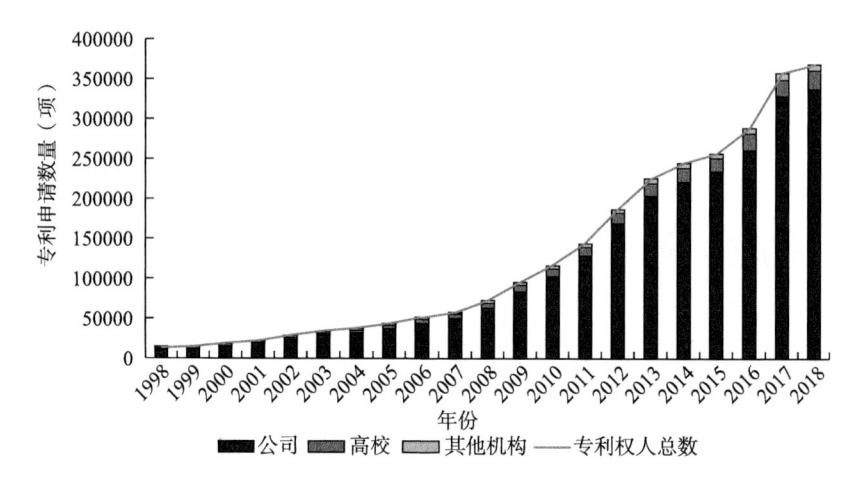

图2-2 1998—2018年我国专利申请者分散化发展趋势

从国际比较来看如图2-3所示，自2004年起，随着互联网的发展，我国的专利申请量迅速攀升，目前已连续多年跃居世界首位。通过图2-2和图2-3的对比，可以发现我国专利申请量与专利申请人分散化发展保持同步，说明我国专利申请量增长的同时也伴随着创新源分散化的发展趋势。

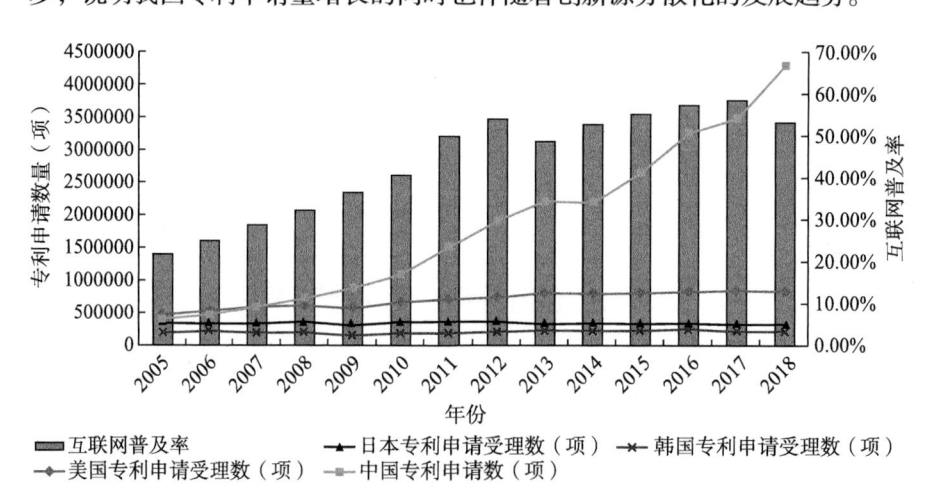

图2-3 中国与部分发达国家专利申请量情况对比

创新源分散化发展在不同行业也有不同的体现如图2-4所示，我国农业、制造业、能源产业、一般服务业和技术服务业的专利申请人数量变化的情况。从图2-4可看出，各行业专利申请人分散程度和速度都不一样，其中，制造业和技术服务业的分散程度最高，农业和能源产业的分散程度最低。

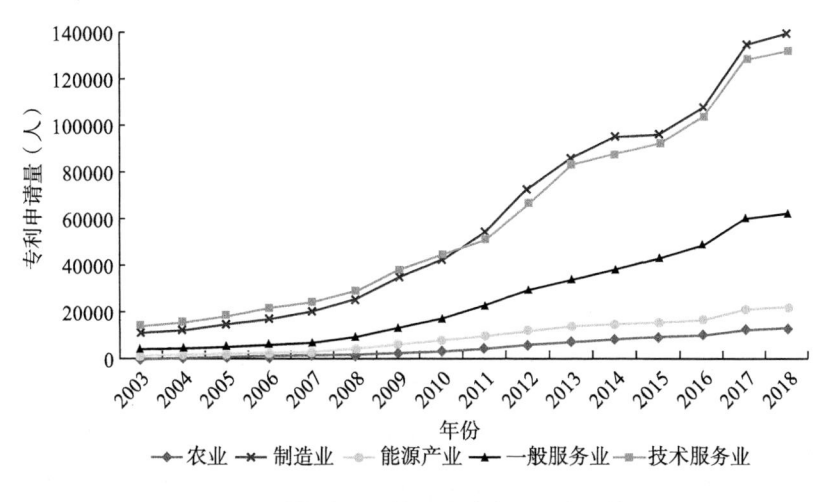

图2-4 我国各行业专利申请人数量变化情况

同时，从创新源信息属性角度来看，创新源也处于分散化逐步扩大的变化趋势，以创意、专利、论文和著作等多样化的形式呈现分散化发展趋势。特别是随着开放式创新的发展，基于互联网的开放式创新社区越来越成为一种重要的创新源获取渠道，如思科、戴尔、海尔、美的、小米、宝洁、星巴克等知名企业都利用开放式创新社区这一平台为用户或其他创新参与者提供创新互动的机会，搜索和获取企业外部不断分散化发展的创新源，为企业自身的创新活动提供源源不断的创新来源。

2.3 创新源分散化发展的驱动因素

宏观层面上的社会环境会在整体上对创新源分散化产生影响，而中观层面的产业特征和微观层面的企业创新租金也会对不同行业中的创新源分散产生不同的影响。因此，本书从以下三个层面对创新源分散化影响因素进行研究。

一是宏观层面的社会环境，包括"知识产权司法保护""知识环境""互联网发展""收入水平"等影响因素，这些影响因素构成创新源分散化的宏观驱动机制；二是中观层面的产业技术特征，包括"产业集聚""技术溢出""技术机会""技术偏好""吸收能力"等影响因素；三是微观层面的企业创新租金，包括"技术转让"和"创新商品化"等因素。本书构建的创新源分散化的驱动因素模型如图2-5所示。

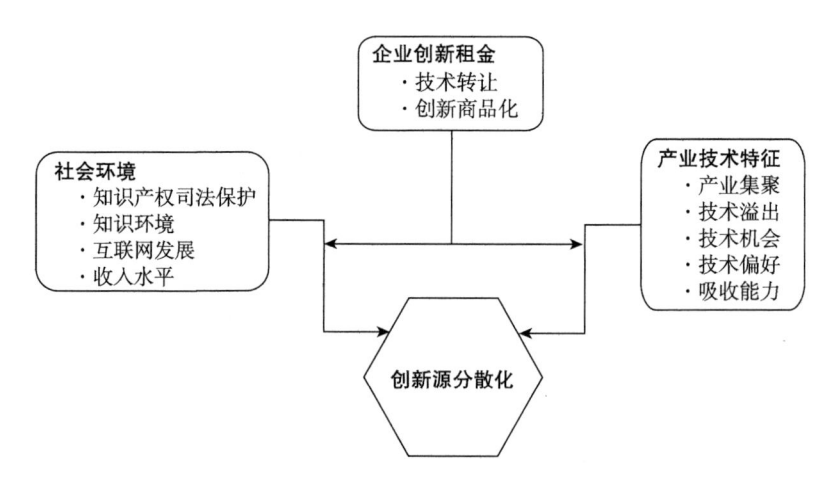

图2-5 创新源分散化演化驱动因素模型

2.3.1 研究假设

（1）社会环境层面的影响。①"知识产权司法保护"的影响。司法是政府干预创新活动的手段之一，通过对创新制度进行有效执行和管理来保护创新市场的有序运行，创新理论一直将知识产权保护力度作为创新活动的重要影响因素之一[14]。市场内的司法公正能够保证正常创新活动的顺利展开，良好的市场秩序对创新主体具有强劲吸引力。对于创新主体来说，稳定的外部环境是研发活动的基础，任何外部环境的重大变化都可能对创新活动造成影响[15]，特别对需要长期投入研发资金和具有较长研发周期的创新活动来说，知识产权窃取、假冒等侵权行为将导致巨额前期研发人力和投资付诸东流。可见，良好的知识的产权司法保障对维护创新市场稳定具有重要意义，也是吸引创新主体进行创新研发决策的重要参考内容。因此，本章提出如下假设：

H1：司法保护对创新源分散程度有正向影响。

②知识环境的影响。随着科技的迅猛发展，科学技术逐渐成为经济发展的决定性因素，当今社会步入知识经济时代。知识经济是以知识为核心的经济社会[16]，而创新是它的灵魂。创新是人类高级的复杂思维过程，是为解决一定技术问题展开求得解决方案的思辨过程，这一过程依赖知识要素进行，其中最重要的主体要素就是知识[17]。在如今的知识经济时代背景下，发展的根本是创新，而创新的关键在于知识的生产、传播和使用[18]。

从知识论的角度来讲，知识是主体对客观事物的反映，是人认识过程的成果，也是一种把握事物本质、认识真理的能力。因此，创新形成的过程正是人不断进行知识形成的过程，因此知识与创新是相辅相成的关系，创新的产生需要知识要素的积累，社会知识积累的程度也将影响创新的大众化程度。创新大众化是知识经济的客观需要，也是必然产物[19]，创新大众化带来的创新源分散化是当前知识环境发展的必然结果。因此，知识环境对创新源的分散化产生影响。能够激发创新的大众知识积累主要来自两个方面，一是学校主导的高等教育，二是政府主导的公众技术科普。因此，本章提出以下假设：

H2：知识基础对创新源分散程度有正向影响。

H2a：高等教育对创新源分散程度有正向影响。

H2b：技术科普对创新源分散程度有正向影响。

③互联网发展的影响。互联网的发展推动了大众创新的发展，以网路为中心的创新逐渐成为一种新的创新模式[20]。互联网平台与开放式创新有机地结合，产生了多种类型的大众创新模式。一是以企业为中心的用户协作创新，企业为主导搭建协作创新平台。二是独立个体的松散式信息共享

平台，平台以知识分享和技术交流为主要内容，依靠用户基于共同理解而自愿参与，不存在严格而正式的组织结构和强制关系，用户通过信息共享获取技术诀窍并根据自身经验进行技术加工从而实现创新。越来越多的企业（如IBM、小米、海尔、戴尔等）利用互联网搭建企业—用户交流平台，让用户通过与研发团队沟通、吸纳用户创意或提供创新工具箱等形式参与到企业自身研发中来，拉近了用户需求和企业创新的供需距离，极大节约了研发成本。

因此，互联网的普及增加了大众对知识信息获取的可能，为创新思维的形成提供获取信息要素的平台，为创新源分散化提供了便利渠道。据此，本章提出以下假设：

H3：互联网发展情况对创新源分散程度有正向影响。

④收入水平的影响。从我国开放式创新发展来看，我国创新投资的力度远低于西方国家，如何有效提高创新投资来促进我国技术创新活动，一直是学者们热烈讨论的问题。不少学者从企业薪酬契约角度出发来考虑，认为收入水平低是我国创新动力不足的原因之一[21]。

激励理论认为人的需求决定动机，动机又支配行为，因此企业员工，特别是高管的需求将引领整个企业的方向。当高管制定研发决策后，具体的创新活动是由企业全体员工进行的，薪酬水平对员工的创新行为的积极作用也得到了许多研究的支持。顾建平和王相云[22]通过实证研究发现绩效薪酬对渐进式创新具有显著正向影响。爱德华（Edwards）[23]、艾森贝格尔（Eisenberger）等[24]认为可以通过基于创新行为的货币报酬提高员工积极性，刺激员工的创新行为。

因此，本书认为收入水平会影响企业管理者和员工的创新行为，进而影响整体社会创新源的发展和变化。据此，本章提出如下假设：

H4：收入水平对创新源分散程度有正向影响。

（2）产业技术特性的影响。产业技术理论（technological regimes）强调产业相关技术环境对企业创新活动具有重要影响，马莱尔巴（Malerba）

和奥斯尼高（Osenigo）[25]从实证研究中发现不同产业的技术特性对创业的技术创新活动产生不同影响，包括技术机会和技术累积性等特征。后来的学者遵循这一思想，通过实证研究验证了不同技术特征对产业结构、创新绩效和创新模式等方面的影响机制[26-29]；帕克（Park）和李（Lee）[30]从专利角度入手研究发现行业技术特性对亚洲企业的赶超和技术学习具有显著影响。因此，本书从以下产业技术特征方面探讨创新源分散化的影响因素。

①产业集聚的影响。现有研究已经证实产业集聚对于技术创新的显著影响[31]，许多产业集聚中心就是研发中心和创新集聚中心（深圳、上海和温州等），实现创新与集聚的良心互动。创新主体地理位置上的临近效益是产业集聚对集聚主体技术创新活动产生影响的原因，临近效益使知识和信息传递更加便利，从而降低技术创新风险，缄默知识的转移和传播扩大了集聚创新网络，促进了创新产出[32]。

根据集聚的产业是否单一，可将产业集聚结构划分为单一产业的专业化集聚和多产业的多样化集聚，创新活动在不同的集聚结构中具有不同变化。以马歇尔（Marshall）[31]为代表的学者主要针对专业化集聚进行研究，认为产业的单一性给知识和信息交流带来的便利，从而推动企业的技术创新活动。因此，本章提出以下假设：

H5：产业集聚对创新源分散程度有正向影响。

②技术溢出的影响。潜在创新源的创新决策往往围绕经济问题展开，当行业内的竞争者以极低的费用甚至免费获得创新相关技术诀窍或技术信息时，将对潜在创新源的创新决策产生影响，这种由于知识的非独占性，让其他组织以远低于企业自身创新研发成本就能获取的知识信息就是技术溢出。特定行业或技术领域的技术溢出取决于该领域技术自身的特点[33]。大量的研究和实践活动表明，技术溢出对技术创新活动具有两重性质：一是从整体上对行业技术进步的推动作用；二是对企业个体而言，技术溢出的增加，消磨了企业对创新研发投入的热情[34,35]。企业的利益追逐特性，

决定了再面对低引进费用和高自主研发投入之间，企业更愿意选择直接购买技术诀窍或技术使用权，技术溢出为企业的技术发展提供了自主研发以外的选择，抑制了企业创新的热情。

然而，从行业整体来说，这种降低技术成本的技术溢出给更多的潜在创新源提供了机会，特定企业自身技术方向的黏性限制了技术诀窍的发展可能，潜在创新源可能会赋予技术原企业无法给予的新的生命力。互联网发展背景下的开放式创新逐渐向大众化发展，企业向用户提供的用户工具箱和技术共享论坛也是技术溢出的一种形式，外部组织或用户都可能给这些溢出的技术知识赋予新定义。因此，结合以上分析，本章提出如下假设：

H6：技术溢出对创新源分散程度有正向影响。

H6a：技术溢出越高的行业，创新源分散程度也越高。

③技术机会的影响。不同技术领域中对产生技术变革的难易程度存在差异，这种差异的产生来源于技术诀窍相关知识的累计速度的不同。克莱沃里克（Klevorick）[36]等用技术机会概念，用来体现不同产业技术进步的难易程度。贾夫（Jaffe）[32]用技术机会来体现不同技术领域中的创新可能性；纳尔逊（Nelson）和温特（Winter）[37]认为技术机会的变化来源于技术领域自身特性（技术发展路径、技术所处生命周期、基础研究依赖程度等）。约万诺维奇（Jovanovic）[38]指出在其他条件不变的情况下，高技术机会的技术领域能够刺激新技术和新创新源的出现。具有高技术机会的行业意味着该行业内的知识积累快，技术更新速度快，更容易产生先进技术，实现突破性创新，研发投入见效更快。对于行业内组织来说，特别是那些追逐更高创新回报的企业，更愿意在高技术机会的技术领域继续技术创新活动。综合以上分析，本章提出如下假设：

H7：技术机会对创新源分散程度有正向影响。

H7a：技术机会越高的行业，创新源分散程度也越高。

④技术偏好的影响。创新技术的知识水平层次决定了创新的难易程

度，本书以技术偏好来反映创新技术的水平，如果一个行业内的技术越成熟，技术研究越透彻，技术内容越精尖，新的组织或个人进入该领域所需要具备的科技素质就越高，核心技术攻克也越发困难，创新投入也相应增多，进入该领域的难度则越大。曼斯菲尔德（Mansfield）[39]发现不同技术水平的行业在知识资产上的排他性程度不同，技术水平越高的行业知识资产的排他性越强。文豪[40]认为随着技术成熟程度的提升，后续创新源进行模仿的难度将快速上升。因此，本书认为创新涉及的技术知识复杂程度对该行业创新源的分散化发展有一定影响，行业整体高水平的技术创新对打算投入研发的企业划定了门槛，提高了准入起点，技术发展程度越高的行业，其创新源分散化发展的难度也越大。

不同类型的行业技术发展倾向不一样，低端制造业、餐饮服务更倾向提供渐进式的创新，通过较为简单的技术改进逐步提高竞争力；而电子通信、化学、材料等技术换代快的行业，技术复杂程度高，更倾向突破性创新，因为小范围的技术改进很快会被突破性创新淘汰，造成行业资源的浪费，因此这些行业多运用复杂技术进行长期的技术创新活动，其技术创新成果更为复杂。因此，本书认为不同类型的行业具有不同的技术创新偏好，这种不同的偏好将导致不同行业的创新源分散出现异质性变化，不同行业的创新源分散化速度不一致。因此，本章提出如下假设：

H8：技术偏好对创新源分散程度有正向影响。

H8a：技术偏好越大，创新技术水平越复杂的行业，创新源分散化速度越慢。

⑤吸收能力的影响。企业吸收能力是影响技术创新活动最重要的内部因素之一[41]，它是指企业识别、吸收并利用外部知识和技术的能力[42,43]。行业内企业吸收外部知识的能力决定了其竞争力的大小，这种吸收外部知识的能力取决于已吸收、积累的创新技术经验，技术经验的产生来自创新研发活动。吸收能力对创新活动的正向推动作用的研究结果已十分丰富，如鸿鬵（Atuahene）[44]从创新效率角度证明了吸收能力对新产品开流程效

率的推动作用；奠厄里（Mowery）等[45]、申卡尔（Shenkar）和李（Li）[46]从技术合作角度验证了吸收能力是技术合作双方审核合作伙伴的重要参考。乔治（George）等[47]从过程角度出发，把吸收能力视为企业通过获取、消化、转化和应用知识的动态组织能力，并将这四个阶段分为两个维度：PAC（获取和消化知识）和 RAC（转化和应用知识）。

行业整体的强劲吸收能力为行业技术创新能力的提升提供了重要拉力。行业内技术多样性越大，吸收消化经验越丰富，外部知识与内部知识关联的可能性越大，对外部知识的适应和吸收消化的能力越强，内化为内部知识的可能性越大。吸收能力越强的行业，对新技术的吸纳程度也越高，外来企业所携带的异质性知识融入的概率也就越大，对于创新者的接纳程度也越高，从大众化创新角度来讲，潜在创新主体的生产概率也就越高，更利于外部创新源的进入。因此，根据以上分析，本章提出如下假设：

H9：吸收能力对创新源分散程度有正向影响。

H9a：吸收能力越高的行业，创新源越分散。

H9b：PAC 越强的行业，创新源越分散。

H9c：RAC 越强的行业，创新源越分散。

（3）企业创新租金的影响。创新源的分散化的表现形式之一即创新源的多样性，希佩尔[5]从经济学角度出发，认为创新源的多样性来自企业的"创新租金"。租金是一个经济学范畴，泛指生产要素产生的收入。创新主体对创新成果具有一定时间内的垄断权，这种暂时的垄断权所能够带来的利益就是创新租金（innovation rents）。当创新租金具有足够吸引力时，潜在创新主体才会进行创新活动，不同的潜在创新主体对创新的期望收益的不同导致了创新租金的差异，正是这种创新租金的差异化导致了创新源的多样化。

希佩尔[5]对创新源与期望创新租金相关关系的实证研究发现，任何存在期望创新租金的地方，都存在潜在创新源，不同创新主体对于同一技术信息的获利能力是不同的,从而导致创新决策的不同。潜在创新主体的创新决策是影响创新主体开展创新活动的直接因素,新熊彼特学派理论认为,企业是有限理性的,在无法准确获知最大收益时往往采用经验法则(rule-of-thumb)进行决策,因此期望创新租金的大小影响创新源的创新决策,宏观上将影响创新源的变化。创新租金的衡量主要来自技术转让和技术商品化,转让内容包括技术诀窍、知识产权和技术信息等。根据以上分析,本章提出如下假设:

H10:创新租金对创新源分散程度有正向影响。

H10a:技术转让价值越高,创新主体创新意愿越强,创新源越分散。

H10b:创新商品化程度越高,创新主体创新意愿越强,创新源越分散。

2.3.2 变量设计

(1) 创新源及其分散化的测度。如前所述,创新源具有二重属性,下文主要从创新源提供者属性来量化创新源的分散化。专利是公开的技术方案,包含有最新的技术信息,已成为当今创新活动的最重要来源之一。特别是在开放式创新模式下,专利交易、交叉许可等活动日趋活跃,越来越多的企业从外部专利中获益,或在其基础上进行研发,或获取新的研发方向,专利已不仅是创新的成果,更是重要的创新源头。因此,本书以专利申请人数量来衡量创新源数量,当不同的专利申请人在数量上越来越多时,则表明创新源正呈分散化发展的趋势。

(2) 社会环境变量的测度。①"知识产权司法保护"的测度。在以往涉及知识产权司法的研究中,对司法环境的定量研究较少,主要以定性研究和现状探讨为主。现有文献关于司法指标的测度主要以知识产权相关案件次数与涉案金额为主[15],以现有研究为参考,用知识产权案件数据来测度司法保护情况是合理的。然而,从立案到正式结案存在一定的审判周期,未经结案的知识产权案件可能在当下引起区域性、暂时性的讨论和关注,但无法对整个社会的知识产权司法环境产生明显的影响,因此为了准确反映我国知识产权司法保护环境，本书将以知识产权案件的结案数量为司法保护情况的衡量指标，以《中国知识产权保护状况白皮书》中知识产权民事案的结案量作为指标的数据来源，并将原始数据进行数化处理来无量纲化。

②知识环境的测度。高等教育是社会居民技术知识的第一来源，也是主要来源，同时是就业人员在企业上岗前接受的社会知识培训。无论是在企业、高校、研发机构或是个人，高等教育的发展程度决定了直接从事创新研发活动的研发人员的知识水平，进而决定了研发人员个人创新素质能力，最终决定了社会创新活动的层次水平。高等教育能够使研发人员具有良好的创新知识理解、吸收和创造能力，对社会整体的创新素养提供保障，是大众化创新的知识基础。因此，本研究以高等教育毕业生人数为高等教育知识环境的衡量指标，选取普通本专科和研究生毕业生数量的对数作为衡量高等教育的指标。

同时，公众技术科普是社会居民技术知识的重要来源，政府通过举办科普讲座、建立科技馆和举办科普展等形式组成整体社会科普资源来提高居民的技术知识基础。我国的公众技术科普主要以举办各类技术科普讲座为主，本书以《中国科技统计年鉴》中中国科学技术协会科普讲座数的对数来衡量公众技术科普知识环境情况。

③互联网发展的测度。无论是协助创新，还是技术共享平台，基于互联网平台的大众创新都是一个新现象，用户的高参与度使得创新标的能够精准定位，大众创新已经发展成一股对传统创新产生冲击的创新力量。目前，关于互联网与大众创新活动关系的研究较少，在互联网与技术创新活动的研究中，主要考虑的是平台建设，并未考虑到终端普及的问题，特别对于大众创新来说，互联网终端是大众利用互联网进行信息获取的基础，同时互联网终端的普及也是互联网发展的重要前提。互联网普及情况反映了我国互联网发展水平和用户存量情况，良好的用户基础是互联网信息流通的保证。因此，我们以《中国科技统计年鉴》中每百户居民家庭计算机

拥有数量的对数作为互联网发展情况的可测量变量。

④收入水平的测度。主要从社会就业人员薪资水平角度探讨对创新源分散的影响，从大众化的创新角度考虑全体员工对企业创新活动的影响，以及数据的可获得性问题，以行业就业人员的平均工资作为衡量收入水平的指标，将就业人员的平均工资进行对数化处理构建收入水平变量。

(3) 产业技术特征变量的测度。①产业集聚的测度。有关产业集聚程度的测度国内外学者都做了大量的研究，主流的测度方法包括传统的集中率、赫芬达尔系数（HHI）、空间基尼系数、EG系数等。在讨论产业集聚程度的现有文献中，包括考虑在地理分布上的产业集聚测度和一定范围内产业的集聚程度测度，本书主要从产业体制的角度分析全国范围内产业集聚与创新源分散关系。

a. 专业化集聚的测度。专业化集聚的测度以沈能[48]的马歇尔外部性测度方式作为参考，以某行业总就业人数占全部就业人数比重表示

$$\mathrm{MAR} = \frac{x_i}{X} \quad (2-1)$$

其中，x 为行业 i 的就业人数，X 为整体就业。

b. 多样化集聚的测度。多样化集聚的实证研究文献多以赫芬达尔系数（HHI）的倒数作为测度指标，本研究以赫芬达尔系数为基础，以傅十和和洪俊杰[49]的多样化指标测度方法为参考对多样化集聚进行测度，具体公式如下

$$\mathrm{Jacobs} = 1 - \mathrm{HHI} = 1 - \sum_i e_i^2, e_i = \frac{x_i}{X} \quad (2-2)$$

e 为专业化聚集度。多样化集聚指数结果介于 0~1，多样化程度越高越趋近于 1，反之，多样化程度越低越趋近于 0。

②技术溢出的测度。技术溢出有多种测量方式，以往的研究多以产业中所有企业的研发投入来衡量技术溢出程度[35]，帕克[30]在对落后国家的技术追赶与产业技术关系的研究中使用非 G7 国家［七国集团（Group of Seven，G7）是一个由世界七大发达国家经济体组成的国际组织，目前成

员为美国、加拿大、英国、法国、德国、意大利及日本。]对 G7 国家专利的引用数占总引用专利的比例来测度。

考虑到企业获取技术的主要手段为技术交易和自主研发两种方式为主,当产业内技术溢出较大时,企业倾向以技术引进、技术购买的方式实现低成本的外部技术诀窍或知识的获取,来规避长期自主研发的成本风险。因此,本书参考孙赫[50]的技术溢出衡量方法,从企业获取外部知识与技术的水平角度出发,以技术交易状况反映技术溢出程度,具体公式如下

$$技术溢出 = \frac{国外技术引进费用 + 国内技术交易金额}{科技活动内部支出} \quad (2-3)$$

③技术机会的测度。现有文献的技术机会的测度并没有一个统一的意见,但专利数据始终是技术机会的良好衡量指标。杰罗斯基(Geroski)[51]建议考虑同行业企业技术创新活动方向的同质性导致的技术进步基本步调的一致,应该按照产业对企业进行分类测量,而非对企业个体进行测量。帕克[30]通过专利申请年增长率衡量技术机会,认为专利申请的发展情况是该领域技术进步程度的直观反映,进而体现行业内的技术机会程度。

以上述研究的衡量方式为参考,通过专利 IPC(International Patent Classification,国际专利分类标准)主分类号进行行业分类,以不同行业的专利申请量的对数作为技术机会衡量指标,探讨技术机会与相应行业专利申请人之间的分散关系。

④技术偏好的测度。技术偏好反映了行业内企业技术进步的复杂程度,是行业整体技术层次的体现。王燕玲认为技术偏好能够通过具体行业或技术领域的专利偏好来反映技术创新,这种偏好与技术本身特性有关,因此专利活动在时点上的推移形成的时间序列能够清晰地记录创新活动的发展脉络[52]。

专利按照创造性的不同具体从高到低分为:发明专利、实用新型专利和外观设计专利三类。因此,专利的类型本身就反映了不同的技术水平。从行业专利类型的分布可以反映出行业技术水平能力的具体分布,通过每

一行业或技术领域在特定时段的专利类型分布,可以回溯该技术领域各阶段所处的技术生命周期,从而反映出行业技术发展的脉络,把握行业对技术发展的偏好。以 IPC 主分类号与《国民经济行业分类与代码》(GB/T 4754—2002)相对应,通过专利信息检索将行业中发明专利占所有专利的申请量比例作为反映行业创新技术偏好的代理指标。

⑤吸收能力的测度。吸收能力的测量方式在学术界一直没有统一的标准,近年来学者更倾向使用客观的专利数据来衡量吸收能力[53]。企业间的创新合作是企业吸收外部知识的来源之一。曾德明等对汽车行业的专利合作网络进行研究发现,创新合作网络技术的多样性能够正向显著的影响技术创新[54]。付敬和朱桂龙[55]在吸收能力与创新绩效研究中以人力资源来测量 PAC,以发明专利受理量测量 RAC。

企业的吸收能力主要来源于研发人员的技术素养,研发人员自身的技术层次、学习能力、理解能力、实操能力和联想能力决定了企业对外部技术的吸收速度和程度。基于现有研究的衡量方式,从人力资源的角度,我们用研究与试验发展人员全时当量作为代理指标来衡量 PAC 能力;考虑到专利受理仅代表技术的提交过程,授权专利更反映创新主体真实创新活动能力,因此以发明专利授权量来衡量 RAC,并将以上数据进行对数化处理。

(4) 企业创新租金变量的测量。租金作为经济学范畴,衡量指标一般为经济指标。对于创新租金的衡量前人仍存在争议,在周维[56]对工业企业创新租金分享程度研究中,使用新产品产值比例来衡量创新活动产生的租金;夏文俊[57]认为在网络时代背景下,企业创新租金包括创造和占用两个阶段,创造阶段强调合作网络和企业自身对知识的消化吸收能力,占用阶段强调对新技术的商业化,依靠将新产品或新服务推向市场赚取租金。参考夏文俊[57]的创新租金划分方法,以技术转让交易和技术商品化来衡量创新租金。

①技术转让的测度。技术转让主要通过技术交易市场以签订合同的方

式将技术诀窍、知识信息、专利权、技术成果进行权利转让或租赁，本研究以技术市场交易额作为技术转让的测量项目，并作对数化处理。

②创新商品化的测度。企业的新技术、新产品和新服务经过商品化生产销售来获取租金，本研究参考周维[56]的测度方式，以新产品销售收入作为商品化的测度项目，并作对数化处理。

各因素的变量设计和量化如表2－1所示。

表2－1　各变量衡量指标及计算方法

类型	名称		衡量指标
被解释变量	创新源分散化程度		不同专利申请人数量
解释变量	社会环境	司法保护	知识产权民事案的结案量
		知识环境	研本专科毕业生人数
		互联网发展	每百户居民家庭计算机拥有量数量
		收入水平	就业人员的平均工资
	产业技术	技术偏好	发明申请量/专利申请总量
		技术机会	专利申请量
		产业集聚 专业化集聚	行业就业人数/总就业人数
		产业集聚 多样化集聚	1－所有行业就业人数比例平方和
		技术溢出	（国外技术引进费用＋国内技术交易金额）/科技活动内部支出
		吸收能力 PAC	研究与试验发展人员全时当量
		吸收能力 RAC	发明专利授权量
	企业创新租金	技术转让	技术市场交易额
		创新商品化	新产品销售收入

2.3.3　数据来源

行业划分以国家统计局的统计口径《国民经济行业分类》（GB/T 475—2002）为参考，并结合专利信息中的技术领域按 IPC 国际专利分类标准进行划分。为了统一分类口径，通过将《国民经济行业分类》中的行业与专利的 IPC 分类进行对应，即采用主题概念转换的方法，将某一行业或技术领域迁移到一个或多个 IPC 分类中，根据 IPC 分类查找对应行业的专利信息[52]。根据该方法，同时考虑第一章国家重大科技计划财政支持项目出现差异性变化的行业，因此将各种创新源分为五大行业，分别为农业、制造业、能源产业、一般服务业与技术服务业。

专利相关数据来自于专利信息检索的时序数据，其他相关指标数据来源 1992—2016 年《中国统计年鉴》《中国科技统计年鉴》《中国知识产权保护白皮书》。

2.3.4 模型及结果分析

采用多元线性回归方法，建立一个由社会环境指标、产业技术指标、企业创新租金指标和时间参数相结合的回归模型一，具体如下

$$Y_t = c + \sum_{u}^{n} \alpha_u X_{u,t} + \sum_{j}^{m} \beta_j Z_{j,t} + \sum_{k}^{l} \gamma_k W_{k,t} + \varepsilon_{u,j,t} \quad (2-4)$$

其中，t 为各年度时间，u 为社会环境指标，k 为创新租金指标，Z 为产业技术指标，W 为创新租金指标（$u=1,2,\cdots,n; j=1,2,\cdots,m; k=1,2,\cdots,l$）。同时，探讨农业、能源产业、制造业、一般服务业和技术服务业 5 个不同行业的创新源分散化发展情况，采用多元线性回归方法研究行业内产业技术的异质性对各行业内部创新源分散的影响，构建的模型二如下

$$Y_{i,t} = c + \alpha_1 Z_{1,1,t} + \cdots + \alpha_j Z_{i,j,t} + \varepsilon_{i,t} \quad (2-5)$$

其中，i 代表行业类型（$i=1,2,3,4,5; j=1,2,\cdots,m$）。

经计算，模型一的 DW 值接近 2，且在无自相关关系判定区间内，回归模型不存在自相关性。为规避多重共线性造成的影响，采用逐步回归分析方法对变量进行回归，剔除存在共线性的变量，如表 2-2 所示。

表 2-2 解释变量与创新源分散单独回归结果

解释变量	相关系数	t 值	可决系数
互联网发展	1.080937***	13.467760	0.918938
收入水平	1.468660***	44.978290	0.992153
知识环境	17.047630***	35.656780	0.987572
司法保护	0.690700***	29.013730	0.981348
创新商品化	-0.931251***	26.799740	0.978208

续表

解释变量	相关系数	t 值	可决系数
技术转让	1.014093***	71.191280	0.996853
技术偏好	-7.218363***	-14.032610	0.863306
技术机会	0.970721***	29.489010	0.987509
多样化集聚	69.622200***	9.760048	0.896425
技术溢出	-2.240237***	-3.396764	0.511936
PAC	1.667642***	33.034350	0.990021
RAC	-1.172547***	23.801890	0.980953

*表示在10%的水平上显著，**表示在5%的水平上显著，***表示在1%的水平上显著。

各解释变量与被解释变量间拟合较好，存在显著的线性关系，只有技术溢出变量与创新源回归的可决系数仅为 0.51 < 0.8，故剔除技术溢出因素。通过逐步回归后（过程略），发现回归模型整体拟合度较好，可决系数达到 0.998979，DW 检验通过。

根据假设通过逐步回归建立一个包含时间序列的多元线性回归模型，如表 2-3 所示。

表 2-3 逐步回归分析模型

解释变量	模型 14
收入水平	1.054612**
	(3.132415)
创新商品化	-0.675020***
	(-6.054419)
技术转让	0.594980***
	(9.022627)
技术机会	0.647084***
	(5.066928)
RAC	-0.428489*
	(-2.004276)
R^2	0.998979
DW	2.302432

***表示 $P<0.01$，**表示 $P<0.05$，*表示 $P<0.1$。

收入水平与创新源分散化之间关系在5%水平上显著性，相关系数为1.054612，收入水平对创新源分散化存在正向相关关系；创新商品化与创新源分散化之间关系在1%水平上显著性，相关系数为-0.675020，创新商品化对创新源分散化存在负向相关关系；技术转让与创新源分散化之间关系在1%水平上显著性，相关系数为0.594980，两者存在正向相关关系；技术机会与创新源分散化之间关系在1%水平上显著性，相关系数为0.647084，技术机会对创新源分散存在正向相关关系；RAC与创新源分散化之间关系在10%水平上显著性，相关系数为-0.428489，两者存在负向相关关系。其他解释变量不显著，在逐步回归中已经剔除。

此外，模型二的DW值和LW值均低于临界值，回归模型不存在自相关性。多元线性回归分析结果如表2-4所示：

表2-4　不同行业逐步回归结果

解释变量	农业	制造业	能源产业	一般服务业	技术服务业
技术偏好	—	1.479019*** (4.005809)	-0.482514* (0.058800)	-0.362951** (-2.585335)	—
技术机会	0.791845*** (9.899791)	0.307035** (2.600946)	0.832590*** (27.678200)	0.752139*** (54.911450)	1.006658*** (22.192250)
专业化集聚	36.410900** (3.326655)	—	—	3.956158*** (4.245869)	45.009120*** (16.687610)
多样化集聚	10.819370** (3.053583)	—	—	—	—
技术溢出	—	0.269068*** (4.897523)	—	—	—
PAC	0.085848** (3.210520)	—	-0.053109* (-1.908000)	—	—
RAC	0.253109* (1.931248)	0.988709*** (8.049279)	—	—	-0.541549*** (-7.167486)
c	-6.183549** (-2.944156)	-4.724957*** (-9.095116)	1.189569*** (3.574520)	1.054306*** (3.334886)	2.962264*** (8.291260)
F统计量	5004.878000	1273.618000	7753.754000	11217.860000	11221.330000
R^2	0.999720	0.998432	0.999613	0.999733	0.999733
DW	2.133195	1.476514	1.981209	2.241345	2.670173

*表示在10%的水平上显著，**表示在5%的水平上显著，***表示在1%的水平上显著。

农业行业中的创新源分散化与技术机会、专业化集聚、多样化集聚、PAC 和 RAC 吸收能力相关。技术机会与农业行业的创新源分散化之间关系在 1% 水平上显著，相关系数为 0.791845，两者存在正向相关关系；专业化集聚与创新源分散化之间关系在 5% 水平上显著，相关系数为 36.4109，两者存在正向相关关系；多样化集聚与创新源分散化之间关系在 5% 水平上显著，相关系数为 10.819370，两者存在正向相关关系；PAC 吸收能力与创新源分散化之间关系在 5% 水平上显著，相关系数为 0.085848，两者存在正向相关关系；RAC 吸收能力与创新源分散化之间关系在 10% 水平上显著，相关系数为 0.253109，两者存在正向相关关系。其他解释变量不显著，在逐步回归中已经剔除。

最终结果表明：

（1）社会环境对创新源分散化的影响作用显著。社会整体的薪资水平越高，员工的工作积极性越高，越能帮助组织实现技术创新。

（2）产业技术对创新源分散化的影响作用显著。技术机会越高、产业集聚越大越能促进创新源分散化发展；不同行业的技术偏好、吸收能力对创新源分散化有不同影响，复杂技术偏好及高吸收能力的行业正向推动创新源分散化发展，而低技术偏好和低吸收能力的行业作用则相反；技术溢出对创新源分散化发展影响不明显。

（3）创新租金和商品化程度对创新源分散化不具有正向影响。这也说明一个问题，即目前虽然我国创新源分散化趋势明显，但真正能实现商业化目的的创新仍很少，商业化驱动的作用尚未显著。

2.4 有效促进创新源分散化的对策建议

为有效促进创新源分散化发展，以及大力推动大众创新发展，我们从政府及企业角度提出以下对策与建议。

2.4.1 培养良好技术市场环境，搭建技术交易网络平台

在创新源分散化的大众创新背景下，许多创新主体并不具备实际生产的能力，仅以提出新创意、新方案、新技术等形式参与社会创新活动，难以具备商品化条件，大量创新成果的去向问题成为大众创新一个亟待解决的重要问题。技术交易是创新成果在企业进行成果商品化外的另一个重要流动方向。许多研发机构、高校和个人，甚至是规模有限的企业，自身无法实现技术的应用商品化转换，只能通过将创新成果通过技术市场进行转让许可，来获取一定的报酬收回研发成本。研究结果也证实了，技术转让活动的繁荣能够激发大众创新的热情，吸引更多的组织和个人参与创新。

在这种背景下，良好的市场环境是创新源分散化新常态的必然要求，也是大众创新发展的结果。政府可以通过健全的技术交易市场的管理条例和技术交易法规，从制度上保障技术交易市场的良好运行来培养良好的技术市场环境，规范的市场环境不仅能保证市场的公平有序，还能吸引更多抱着观望态度的创新者进行转让交易，加速创新技术知识产权的流动，提高创新技术利用率。同时，有针对性地搭建技术市场的网络平台，提高交易市场的流动性、便利性和交易效率，通过互联网平台来扩大市场范围，增加技术流动的范围，进一步提高技术利用率。通过移动终端和固定终端双向构建，交易双方可以随时随地选择技术对象和交易对象，极大提高技术市场的便利性，同时增加了交易双方沟通渠道，极大地提高了技术市场的交易效率。

2.4.2 健全知识产权制度，培养知识产权保护意识

技术机会在社会整体层面和行业层面对创新源分散的显著拉力作用，显示了技术机会对创新活动繁荣发展的重要性。创新技术以知识产权形式的积累带来高技术机会，给创新主体的创新活动提供了良好的技术基础保障，提高了研发活动的成功率。知识产权制度不仅使创新技术通过文字形

式留存，提高了先进技术的传播和技术领域创新实现的可能性，同时还保证了技术权利人对创新技术的独占，保护技术不受非法侵犯，维护了创新主体获取创新成果带来利益的权利。因此，知识产权环境的有序，不仅提高了创新活动的实现能力，还增加了创新主体的创新意愿。

政府通过加强和完善知识产权法制建设，从根本上保障知识产权制度对无形资产创新的有效保护，维护知识产权环境秩序，同时明确执法部门执法权力，提高执法力度，有效保障保护制度的可操作性和有效性。在日常审判和执法活动中，简化知识产权行政流程，提高知识产权确权维权效率，减少行政流程上的时滞给知识产权权益带来的不必要损害。同时，社会人群和创新主体应提高知识产权保护意识，善于利用知识产权制度保护自主创新成果，特别是面对愈加激烈的全球竞争，许多跨国企业利用专利壁垒来抢占市场份额，防止竞争对手的进入，市场竞争由以往的价格战逐渐向技术战和专利战争转移，知识产权的力量在全球贸易中的力量可见一斑。社会群众也应培养良好的知识产权意识，正确认识知识产权制度，了解侵权行为对权利人和市场良性运行带来的损害，杜绝使用和购买侵权商品，自觉维护市场的知识产权秩序，提高社会整体保护意识和保护环境。

2.4.3 结合地方实际发展产业园，合理利用规模效应

根据研究结果，产业集聚对各行业创新源分散具有十分显著而强力的推动作用。产业集聚给行业带来了技术信息在地理上的汇聚，信息流通更为集中高效，为更多企业实现创新活动提供良好环境，促进了创新技术的发展。专业化集聚使得相似或相同领域的企业能够进行良好的信息沟通，企业之间通过良好的合作往来形成相辅相成的规模化产业，提高企业自身和园区的整体竞争实力，以整体协作争取科技项目，同时能够吸引外部合作者的青睐。多样化集聚使得园区内形成完整的产业链条，各领域间环环相扣，相辅相成，企业间相互配套进行合作，提高了整体的竞争力，各技术环节的突破都能为其他技术环节提供新的技术支持，引起其他环节技

革新的加速，提高产业的创新效率。

各地政府可以根据自身资源优势和产业方向，结合周边产业配套的特点，积极发展产业园，合理利用产业园的规模效应为园内企业提供发展便利。一是做好园区基础设施建设，保证园区内生产活动的良好运作。二是为中小企业提供创新便利，现有产业园主要通过建立孵化基地来帮助中小企业发展，通过共享办公设备等形式减轻中小企业负担，政府还可以通过大中小企业相互结合的形式为中小企业的创新提供帮助，通过建立中小企业的创新引导机制，促进规模企业与中小企业的创新合作，提供中小企业的技术创新实力，从而激励中小企业创新。三是引进知识产权服务机构，知识产权服务机构的入驻能够点对点地为园区内企业服务，地理上的临近也能加快服务机构与需求企业的沟通效率，更好地为企业服务业，同时增强园区内企业的知识产权意识，保护园区企业的创新权益，促进园区科技项目的有效展开，提升园区企业竞争力。

2.4.4 合理提高员工资薪待遇，建立良好的创新激励体制

在上文研究结果中，社会整体的薪酬水平能够提高员工的工作积极性，特别是研发人员的研发热情，进而提升创新积极性，刺激创新源的增加。员工作为组织中的一员，是组织进行创新活动和经济活动的内在原动力，员工的劳动是组织活动生生不息的源泉。当员工的工资得到提升，员工在积极完成本职工作的同时，自身也提出了更高的需求，由最初追求生理的保障进而追求自我价值的实现。对于研发人员来说，创新既是本职工作，也是自我价值的实现的方式；同时随着就业环境、创新环境和大众创新意识的提升，对于普通员工来说，创新也不再是遥不可及的事情，许多企业也鼓励更多内部员工参与创新（IBM 构建了内部网络鼓励员工参与创新讨论）。

良好的薪酬结构和条件是企业进行研发活动的保障，行业整体良好的薪酬环境推动了行业创新的步调。各组织还可以通过建立创新激励体制，

完善员工的薪酬构成，员工可以通过提供创意、参与创新讨论、完成创新任务、参与创新评价等形式参与组织内部的创新活动，组织根据员工完成的情况给予一定量的薪酬奖励。组织可以通过一系列的标准评判员工的创新贡献率，并奖励相应的报酬的方式来构建创新激励体制，既能激发员工的工作热情，又能促进组织内部创新活动的良好展开。

参考文献

[1] HIPPEL E V. The sources of innovation [M]. New York：Oxford University Press，1988.

[2] 孟华兴，季小江. 企业家的精神发展与企业的创新及其方法 [M]. 北京：中国经济出版社，2012.

[3] 李青. 外部创新源对中小企业技术创新绩效的影响研究 [D]. 杭州：浙江大学，2010.

[4] HAYWARD G. Managing innovation：integrating technological，market and organizational change [J]. Technovation，2011，18（1）：369－370.

[5] HIPPEL E V. The sources of innovation [J]. Psychopharmacology bulletin，2007，31（2）：50－58.

[6] LAURSEN K，SALTER A. Open for innovation：the role of openness in explaining innovation performance among UK manufacturing firms [J]. Strategic management journal，2006，27（2）：131－150.

[7] BIGLIARDI B，GALATI F. Models of adoption of open innovation within the food industry [J]. Trends in food science & technology，2013，30（1）：16－26.

[8] 高顺成. 基于案例的企业创新来源分析 [J]. 学术论坛，2011（7）：136－143.

[9] 彭运芳，乔新周. 基于外部创新源理论的企业技术创新研究 [J]. 特区经济，2016（7）：73－76.

[10] 郑永康. 创新源在开放式创新中的应用研究——基于思科的案例研究 [D]. 苏州：苏州大学，2014.

[11] 吴贵生，王毅. 技术创新管理 [M]. 北京：清华大学出版社，2013：363.

[12] 万兴亚，许明哲. 中国中小企业成长及软实力建设 [M]. 北京：中国经济出版社，2010.

[13] 郭琴. 创新源分散化条件下开放式创新社区创意价值识别研究 [D]. 南宁：广西大学，2017.

[14] CHEN Y. PUTTITANUN T. Interllectual property rights and innovation in developing countries [J]. Journal of development economics，2005，78：474-493.

[15] 潘越，潘健平，戴亦一. 公司诉讼风险、司法地方保护主义与企业创新 [J]. 经济研究，2015 (3).

[16] 彼得·德鲁克. 创新与企业家精神 [M]. 蔡文燕，译. 北京：机械工业出版社，2007.

[17] 刘卫平. 论人类创新活动的知识基础 [J]. 湖南师范大学社会科学学报，2014，43 (2)：30-35.

[18] SCHUMPETER J A The theory of economic development [M]. Cambridge：Harvard University Press，1934.

[19] 刘国珍. 知识经济：创新活动大众化 [J]. 河北职工大学学报，1999，5 (1).

[20] SATISH N, MOHANBIR S. The global brain：your road map for innovating faster and smarter in a networked world [M]. New Jersey：Wharton School Publishing，2007.

[21] 潘琦华. 基于报酬与报酬结构的企业家创新激励 [J]. 企业经济，2008 (4).

[22] 顾建平，王相云. 绩效薪酬、创新自我效能感与创新行为关系研究——基于江苏高新技术企业研发人员的实证分析 [J]. 科技管理研究，2014 (16).

[23] EDWARDS M R. Measuring creativity at work：developing a reward for creativity policy [J]. Journal of creative behavior，1989，23 (1)：26-37.

[24] EISENBERGER R, HASKINGS F, GAMBLETON P. Promised reward and creativity：effects of prior experience [J]. Journal of experimental social psychology，1999，(3)：308-325.

[25] MALERBA F, ORSENIGO L. Schumpeterian patterns of innovation are technology-specific [J]. Research policy，1996，25 (3)：451-478.

[26] MALERBA F, ORSENIGO L. Technological regimes and sectoral patterns of innovative activities [J]. Industrial and corporate change，1997，6 (1)：83-118.

[27] QING M, KEUN L. Knowledge diffusion, market segmentation and technological catch up：the case of the telecommunication industry in China [J]. Research policy，2005，

34（6）：759－783.

[28] CASTELLACCI F. Technological regimes and sectoral differences in productivity growth [J]. Industrial and corporate change, 2007, 16（6）：1105－1145.

[29] 李晓梅. 本土技术体制与产业效率实证分析 [J]. 产业经济研究, 2013,（2）：56－64.

[30] PARK K H, LEE K. Linking the technological regime to the technological catch up：analyzing korea and taiwan using the U. S. patent data [J]. Industrial and corporate change, 2006, 15（4）：715－753.

[31] MARSHALL A. Principles of economics 8th edition [J]. Macmillan and co－original edition, 1920.

[32] JAFFE A B. Technological opportunity and spillovers of R&D：evidence from firms'patents, profits, and market value [J]. The American economic review, 1986, 76（5）：984－1001.

[33] ZANDER U, KOGUT B. Knowledge and the speed of the transfer and imitation of organizational capabilities：an empitical test [J]. Organiation science, 1995, 6（1）：76－92.

[34] SPENCE M. Cost reduction, competition, and industry performance [J]. Econometric january, 1984, 52（1）：101－102.

[35] BERNSTEIN J I, NADIRI M I. Interindustry R&D spillovers, rates of return, and production in high－tech industries [J]. The American economic review, 1988, 78（2）：429－434.

[36] KLEVORICK AK, LEVIN R C. On the sources and significance of interindustry differences in technological opportunities [J]. Research policy, 1995, 24（2）：185－205.

[37] NELSON P R, WINTER S. An evolutionary theory of economic change [M]. Cambridge：The Belknap Press of Harvard University Press, 1982：133.

[38] JOVANOVIC B. Selection and the evolution of industry [J]. Econometrica, 1982, 50（3）：649－670.

[39] MANSFIELD E. Patents and innovation：an empirical study [J]. Management sci-

ence, 1986, 32: 173 – 181.

[40] 文豪. 技术特征、知识产权与技术创新：基于产业差异的分析 [J]. 中国产业组织前沿论坛, 2010.

[41] VEUGELERS R. CASSIMAN B. Make and buy in innovation strategies: evidence from Belgium manufacturing firms [J]. Research policy, 1999, (1): 63 – 80.

[42] COHEN W, LEVIN R C. Empirical studies of innovation and market structure [J]. Handbook of industrial organization, 1989: 1059 – 1107.

[43] COHEN W, LEVINTHAl D A. Absorptive capacity: a new perspective on learning, and innovation [J]. Administrative sciencce quarterly, 1990 (35): 128 – 152.

[44] ATUAHENE G K. Inward technology licensing as an alternative to international R&D in new product development: an conceptual framework [J]. Journal of product innovation managment, 1992 (9): 156 – 167.

[45] MOWERY D C, OXLEY J E, SILVERMAN B S. Strategic alliances and interfirm knowledge transfer [J]. Strategic managment journal, 1996 (17): 77 – 91.

[46] SHENKAR O, LI J. Knowledge search in international cooperative ventures [J]. Organization science, 1999. 10 (2): 134 – 143.

[47] GEORGE G, ZAHRA S A, WHEATLEY K K, et al. The effects of alliance portfolio characteristics and sbsorptive capacity on performance: a study of biotechnology firms [J]. The journal of high technology managment research, 2001, 12 (2): 205 – 226.

[48] 沈能, 赵增耀. 集聚动态外部性与企业创新能力 [J]. 科研管理, 2014, 35 (4).

[49] 傅十和, 洪俊杰. 企业规模、城市规模与集聚经济——对中国制造业企业普查数据的实证分析 [J]. 经济研究, 2008 (11): 112 – 125.

[50] 孙赫. 基于行业特征视角的技术创新活动影响因素研究 [D]. 杭州：浙江大学, 2007.

[51] GEROSKI P A. Innovation, technological opportunity and market structure [J]. Oxford economic papers, 1990 (42): 586 – 602.

[52] 王燕玲. 基于专利分析的行业技术创新研究：分析框架 [J]. 科学学研究, 2009, 27 (4).

[53] 邓颖翔, 朱桂龙. 吸收能力在创新过程中的中介作用研究——来自珠三角企业的经验证据 [J]. 科学学与科学技术管理, 2009 (10): 85-89.

[54] 曾德明, 张丹丹, 文金艳. 基于专利合作的网络技术多样性对探索式创新的影响研究——网络结构的调节作用 [J]. 情报杂志, 2015 (2): 104-110.

[55] 付敬, 朱桂龙. 知识源化战略、吸收能力对企业创新绩效产出的影响研究 [J]. 科研管理, 2014, 35 (3).

[56] 周维. 工业企业创新租金分享程度研究 [J]. 经济研究参考, 2014 (12).

[57] 夏文俊. 网络组织下企业知识租金的获取: 开放式创新及知识治理研究 [D]. 成都: 西南财经大学, 2011.

第3章 开放式创新社区创新源价值识别（Ⅰ）
——以星巴克 My Starbucks Idea 为例

创新源的分散化发展导致越来越多的企业基于互联网，通过建立开放式创新社区来捕获有价值的创新源。本章将重点研究此类开放式创新社区中有价值的创意源（创意）的识别方法和模型，并通过星巴克 My Starbucks Idea 社区的案例进行相关的实证研究。

3.1 开放式创新社区概述

由于创新源变得越来越平民化、大众化，几乎可以来自任何地方、任何个体，开放式创新社区成功地被用来收集、分享、创造、评论这些分散化的创新源。开放式创新社区是基于切斯布鲁夫（Chesbrough）的开放式创新概念上提出来的，是企业获取外部创新源的有效途径之一，其研究起源于开放式创新理论和用户创新理论[1]。甘吉（Gangi）和瓦斯科（Wasko)[2]将开放式创新社区定义为企业实施创新产品研发和服务创新活动的在线虚拟社区。哈勒斯特伦（Hallerstede）[3]认为开放式创新社区是企业提供数字化服务的虚拟环境，通过促进时间和空间独立性，使创新者自愿互动创新。迪米特拉（Dimitra）[4]面访了三位工作在开放式创新社区不同领域的管理者，他们认为开放式创新社区同时拥有企业内部和外部用户，给用户之间的沟通交流和创意分享提供了平台，也是客户关系管理的有效工具。布洛姆（Blohm）等[5]认为开放式创新社区是企业利用互联网吸引用户参与内部创新的网络平台。戚桂杰和李奕莹[6]认为企业开放式创新社区是基于互联网的虚拟创新平台,能为企业提供多样化的用户生成内容,具有虚拟性、目标性、自愿性、交互性和网络性这5个重要的基本属性。企业积极参与或构建开放式创新社区的目的,主要是引导并鼓励产品或服务的终端用户、内部员工、供应商及其他利益相关者参与企业创新活动[7],从而持续性地获取有价值的创意。根据吴金红等[8],涂艳等[9],伊季(Geise)[10]等学者基于众包视角的研究,将开放式创新社区整理概括为三类:①企业自发型社区,如星巴克的My Starbucks Idea 社区、戴尔的Dell IdeaStorm 社区,智宝的 tchibo – ideas 社区等;②用户自发型社区,如维基百科、百度百科等;③第三方中介型社区,如 Innocentive 社区、Atizo 社区、Jovoto 社区、猪八戒平台、任务中国等。李(lee)和徐(Suh)[11]基于时间视角,将开放式创新社区划分为两类:一类是有时间限制的一次性在线竞争模式或多阶段竞争模式,该模式通过竞争的方式从大量创意中筛选出最好的创意;另一类是没有时间限制的持续性开放式创新社区,该模式可以不间断地获取用户创意或技术方案,这也是越来越多企业所采用的主要模式。

与之相应的,近年来与开放式创新社区相关的理论和新概念层出不穷,如众包、众筹、威客、价值共创、大众创新等,都是强调以用户参与创新为核心的开放式创新商业模式。国内本土化的众包社区,诸如任务中国、猪八戒网和一品威客等,这类社区涉及各种性质的任务,除了 Logo 设计、活动策划等创新型任务,也存在大量文字校对、语言翻译等劳动型任务,以及情感、法律等求助型任务,这与开放式创新社区中创意,即创新最初源头的理解存在一定差异。佩南(Pénin)和黑尔姆布雷希茨(Helmchen)[12]认为面向日常工作的众包并没有给企业带来有价值的资源,任务的完成只是需要时间的耗损,与参与者的数量相关但与分散化程度无关;而面向创新的众包能给企业带来有潜在价值的创意、知识和解决方案,同时与参与者数量和分散化程度密切相关。那么,本研究所指的开放式创新社区是基于企业创新活动建设、面向创新的平台，分散化的参与者不受时间约束自由自愿地提交、投票、评论企业产品或服务的创意，为企业带来连续潜在的商业价值。开放式创新社区就像一个储蓄内外部创新资源的创意池如图 3-1 所示。

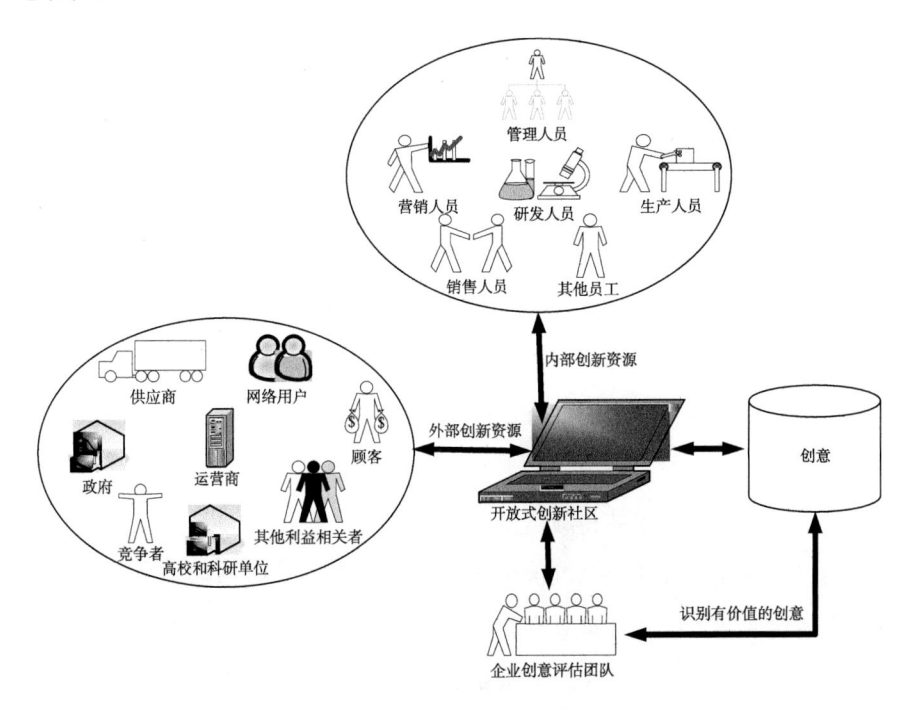

图 3-1 开放式创新社区示意

3.2 开放式创新社区中创意实施价值的影响因素

从创意的产生到商业化过程，创意价值包括评估价值、实施价值和商业价值等，本书重点关注创意的实施价值。基于创新源越来越分散化的条件下，主要从创新源自身特征提出研究假设，即分别从创意信息特征、创意情感特征和创意提供者特征三个层面，探讨创意实施价值的影响因素，提出相应的理论假设。

3.2.1 创意信息特征与创意实施价值

在开放式创新社区中,创意信息特征即关于创意的类型、点赞投票、评论、转发和分享。通常来讲,包括创意在开放式创新社区的受欢迎程度、结构复杂程度等,这些特征都有可能影响企业对创意实施价值的判断。

(1) 创意受欢迎度。创意受欢迎度能反映社区用户对哪些创意是感兴趣的,对哪些创意又是排斥的,是识别创意是否具有潜在价值的重要特征。在星巴克的 My Starbucks Idea 和客户关系软件提供服务商 Salesforce 的 IdeaExchange 等社区中,用户都可以通过点赞(包括支持的赞和不支持的赞)的方式进行自愿投票,表明自己对创意的立场和态度。按社会判断理论,人的态度包括接受、中立和拒绝三种。一个创意如果获得较高的正投票得分,则认为是被大部分用户所接受的,也就是说创意在开放式创新社区中是受欢迎的;如果获得较高的负投票得分,则认为是被大部分用户所拒绝的,创意在开放式创新社区中是不受欢迎的。大众所做的决策往往比专家个体更明智,受欢迎创意在得到其他社区用户认可的同时,也提高了被企业关注的可能性。基于以上分析,本章提出如下假设:

H1:受欢迎的创意比不受欢迎的创意更有实施价值。

(2) 创意复杂度。任何一个创意的标题及内容,都是由一系列字符串构成的。心理语言学研究认为,在文本阅读理解方面"简单就是最好的",具有较长字符的信息,往往需要更加复杂的结构,理解困难且说服力不强[13,14]。特别是在开放式创新社区中,受时间和经济成本约束,企业不太可能对海量的创意都进行仔细查阅和推断,所以更加简洁、准确和清晰的创意往往能得到企业青睐。因有些用户的创意观点只体现在创意标题中,所以在量化创意复杂度时,不仅要考虑创意的内容,也需要考虑创意的标题。基于以上分析,本章提出如下假设:

H2:创意标题复杂度与创意实施价值是负相关关系。

H3：创意内容复杂度与创意实施价值是负相关关系。

3.2.2　创意情感特征与创意实施价值

创新行为不仅受到理性的支配，还受到情感的驱使。创意情感特征是指创意文本中是否包含主观性、积极性和消极性。这些情感特征可以为企业识别有价值的创意提供决策支持。

（1）创意主观性。在情感分析方法研究中，学者们以前普遍关注的是客观性信息的分析与提取，对主观性信息的分析与提取仍处于起步阶段。社区用户在大部分情况下真实地表达自己的观点、态度和情绪倾向，即创意文本中表达的主观性信息，其反映用户对产品或服务的主观感受。特别是在用户体验式的创新里，由于用户的兴趣、性格等不同，对产品或服务创意的反馈不可避免地存在表述上的情感差异。在开放式创新社区，创意文本中带有情感主观性信息往往比态度中立的客观性信息更能体现用户参与的热情和投入程度。基于以上分析，情感是创新行为的能动力量，主观性信息比客观性信息更有研究价值，本章提出如下假设：

H4：主观性创意比客观性创意更有实施价值。

（2）创意消极性。情感极性分类，也是正负面倾向性分类，用来判断文本内容是积极的（肯定的、赞赏的、正面的），还消极的（否定的、批判的、负面的）。俗话说：好事不出门，坏事传千里。这句话告诉我们负面信息比正面信息传播速度更快、范围更广，且具有更强的影响力。在科麦尔（Chmiel）等[15]的研究中显示，在开放式创新社区中否定的消息有助于用户参与和互动创新。此外，否定的消息比肯定的消息信息量更大，吸引性更强。基于此，本章提出如下假设：

H5：消极性创意比积极性创意更有实施价值。

3.2.3　创意提供者特征与创意实施价值

在开放式创新社区中，创意提供者来自社区用户，因此本书将创意提供者特征也称为用户特征。用户在企业创新活动中往往扮演着重要的角色,但并不是所有用户都具有同样的创新能力,成功的用户创新者具有一些特殊的特征[16]。例如,希佩尔(Hippel)[17]提出关于领先用户的两个特征:一是领先用户比市场上大部分人早几个月或几年遇到新产品或服务的需求。二是领先用户通过获取新产品或服务需求的解决方案从而获得大量的收益。因此,开放式创新社区的创意提供者特征也可能影响创意的实施价值。

(1)用户参与积极度。动机是解释创意提供者行为特征的基础,利他动机和认同动机都会影响开放式创新用户的贡献行为[18]。利他动机体现为用户在开放式创新社区中积极自愿地分享自身经验和产品研发想法。用户的利他动机越强烈,其愿意提交的创意数量越多。认同动机是对自我和对他人尊重、肯定的一种心理需求,驱使社区用户之间互动。用户的认同动机越强烈,其越有可能点赞或评价他人的创意,从而在频繁互动过程中产生自己的创意灵感。因此,本书认为利他动机和认同动机越强烈的用户,其可能提交创意的数量、评论或点赞他人创意的次数就越多,所以有价值创意产生的可能性也就越大。由于用户参与积极度是用户动机(利他动机和认同动机)的直接表现,基于此,本章提出如下假设:

H6:用户参与积极度与创意实施价值是正相关关系。

(2)用户先前经验。认知科学发现,用户创意的产生往往建立在以前知识和经验的基础之上[19]。先前经验是由过去经历所形成的知识、技能和经验积累,是用户认知资源的重要组成部分,使用户创意提交过程更加迅速。它对创新源启发有激励作用的同时,也会让创意提供者误入歧途。任何解决方案的提出都需要消耗认知资源,如果用户在提交创意时,倾向依赖已经存在的知识和经验,就可能导致创意的新颖性不高、创新性不足。对于用户体验式的创新,以前的知识经验可能限制了创意提供者的思考。基于此,本章提出如下假设:

H7:用户先前经验与创意实施价值是负相关关系。

(3)用户信誉。信誉在互联网时代发挥着越来越重要的作用,其在开放式创新社区中被认为是公开认可的一种表现形式。信誉勋章的获得主要是通过用户贡献行为赢得企业信任和赞誉，这种信任和赞誉有利于提升社区用户的形象和影响力。用户信誉是一个用户过去一切贡献行为及结果的合成表现，这里的用户贡献行为特指用户先前有提交被企业实施的创意，由此带来的成就感和荣誉感激励他们再次提交有价值的创意。对此，本章提出如下假设：

H8：获得信誉的用户比没有获得信誉的用户更有可能提交有实施价值的创意。

3.3 模型框架及数据收集

3.3.1 模型框架

为了控制一些不被观察到的因素影响创意实施价值，本书还从创意自身特征加入控制变量，包括创意类型、创意提交时间、用户私有信息和用户注册时间。结合以上假设，提出本书的研究模型框架如图3-2所示。

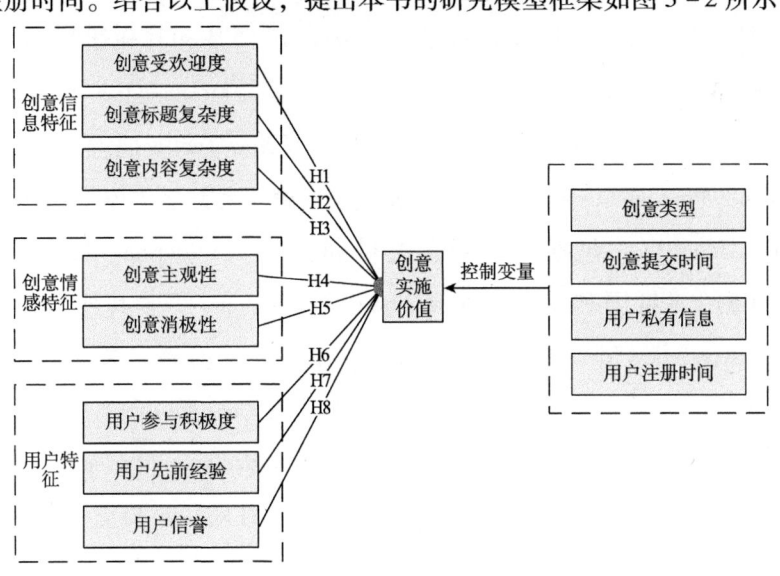

图3-2 研究模型框架

3.3.2 数据来源——My Starbucks Idea 社区

星巴克是世界上最大的咖啡连锁企业，1971 年起源于美国西雅图派克市场。目前，星巴克超过 18000 多家门店分布在世界 60 多个国家[20]。星巴克严格遵守与"与顾客设计"（design with customers）的原则，开放式创新社区作为其有效的创新平台，旨在释放参与者热情，传递有价值的知识。

星巴克的 My Starbucks Idea 社区成立于 2008 年 3 月 28 日，是用户自愿免费分享关于产品、服务和体验等新思想或技术方案的最受欢迎的网络平台之一。星巴克通过该平台挖掘社区用户创意，成功实现转型，改善了产品质量和服务品质，赢得了消费者信任，提升了运作业绩[20]。因此，本书选取星巴克的 My Starbucks Idea 开放式创新社区作为创意价值识别的主要研究对象。

My Starbucks Idea 社区共有三大创意类型：第一大类是"产品创意"（Product Ideas）具体又细分"咖啡和浓缩咖啡（Coffee & Espresso Drinks）""星冰乐（Frappuccino © Beverages）""茶和其他饮品（Tea & Other Drinks）""食物（Food）""商品和音乐（Merchandise & Music）""星巴克会员卡（Starbucks Card）""新技术（New Technology）""其他产品（Other Product Ideas）"这 8 种创意类型；第二大类是"体验创意（Experience Ideas）"，包括"点单、支付和接送（Ordering, Payment, & Pick-Up）""氛围和位置（Atmosphere & Locations）""其他体验创意（Other Experience Ideas）"这 3 种创意类型；第三大类是"参与创意（Involvement Ideas）"，涉及"社区建设（Building Community）""社会责任（Social Responsibility）""其他参与创意（Other Involvement Ideas）""美国范围之外（Outside USA）"的这 4 种创意类型。社区用户提交一个创意时必须要选择上述创意类型中的一种，并填写创意标题，详细描述创意内容。用户提交创意时，系统自动给一个支持的赞，即创意投票分数初始化

为10分。当然，社区用户也可以给其他用户的创意进行点赞，一个创意只允许被点赞一次，用来表明支持或不支持的态度。如果点击支持的赞，创意投票分数累加10分；如果点了不支持的赞，创意投票分数扣减10分。此外，社区用户还可以对自己的创意或他人的创意进行多次评论，每提交一次评论，评论数量加1。

3.3.3 数据收集与分析

截至2016年4月12日，星巴克My Starbucks Idea社区已累计提交创意数量226794个，其中"产品创意"有146925个，"体验创意"有52144个，"参与创意"有27725个。从2016年4月24日到2016年4月27日（4天时间），本书收集了My Starbucks Idea社区公开的全部创意。

经初步筛选重复、异常和缺失数据后，共收集到120293个创意，其中"产品创意"67910个，"体验创意"28436个，"参与创意"23947个。不论是创意总数还是三大类型的创意数量，本书收集到的创意数量均达到累计提交创意总数的一半或一半以上如图3-3所示。

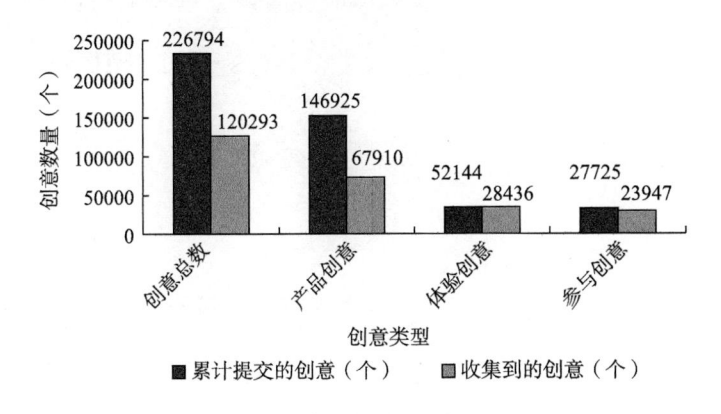

图3-3 创意收集情况

由星巴克内部员工和各个领域专家组成的创意评估小组，会对社区用户提交的创意进行评价和筛选，评价的过程和评价结果都是对外公开的，因此本书可以看到公开创意的当前评价状态。进入内部评价的创意共有 4 种评价状态，包括"已经被实施（Launched）""即将被实施（Coming Soon）""已经被评价但未被实施（Reviewed）""正在被评价（Under Review）"。而还没有进入内部评价的创意，其评价状态显示为空白。在收集到的创意数量中只有 1807 个创意是有评价状态的，占收集创意数量 1.50%。如图 3-4 所示，"已经被实施"的创意 378 个，占有评价状态创意数量 20.92%；"即将被实施"的创意 15 个，占有评价状态创意数量 0.83%；"已经被评价但未被实施"的创意 1220 个，占有评价状态创意数量 67.52%；"正在被评价"的创意 194 个，占有评价状态创意数量 10.74%。由此说明，绝大部分创意没有进入 My Starbucks Idea 社区的内部评估，而已经被评价的创意平均被实施水平较低。因为不能确定没有评价状态或评价状态为"正在被评价"的创意对企业的实施价值，故本书将它们排除在外，最终进入研究的创意数量为 1610 个。

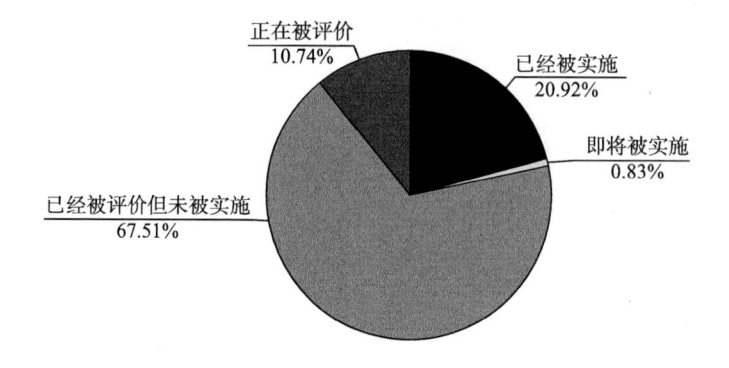

图 3-4 有评价状态创意的分布情况

挖掘这 1610 个创意内容中的提及产品或服务关键词的相关关系图如图 3-5 所示。其中，39% 的创意提到了"Starbucks"，17% 的创意提到"drink"，15% 的创意提到了"coffee"，8% 的创意提到了"card"等。

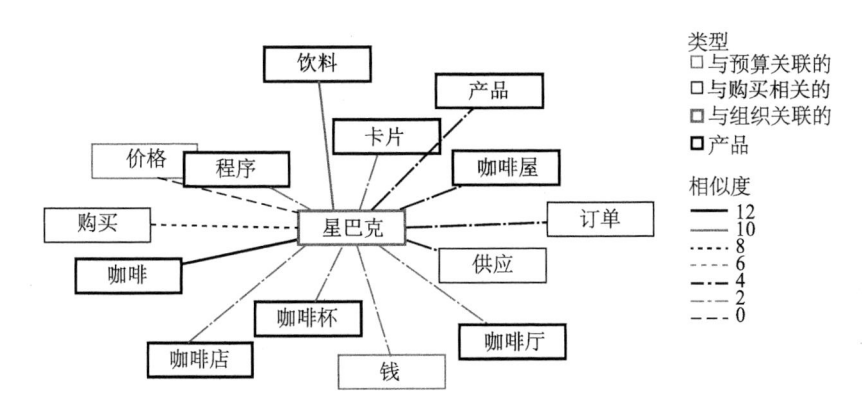

图 3-5　产品或服务关键词相关关系

3.4　变量测量

3.4.1　被解释变量测量

本研究创意价值强调的是创意实施价值，所以因变量（被解释变量）取值依据创意的评价状态。如果评价状态为"已经被实施（Launched）"或"即将被实施（Coming Soon）"，则认为创意是有实施价值的，其实施价值量化为 1。如果评价状态为"已经被评价但未被实施（Reviewed）"，则认为创意是没有实施价值的，其实施价值量化为 0。

3.4.2　解释变量测量

（1）创意受欢迎度。创意受欢迎度是创意信息特征方面的一个解释变量，用创意投票分数衡量。创意投票分数的高低直观反映了创意在社区用户中受欢迎程度，因为社区用户对任何一个创意最多只能点一次赞。在用户提交一个创意时，系统自动给该创意点了一个支持的赞，即投票分数初始化为 10。创意受欢迎度的衡量只考虑人为点赞投票的影响。因此，当创意投票分数大于 10 时，创意受欢迎度取值为 1；当创意投票分数小于或等于 10 时，创意受欢迎度取值为 0。虽然创意的评论数也可以反映创意受欢迎度，但不具备唯一性，因为用户可以对自己或他人的任何一个创意进行多次评论，这也是我们没有选择评论数量去量化创意受欢迎度的原因。

（2）创意复杂度。创意标题复杂度是创意信息特征方面的另一个解释变量，用创意标题的字符长度衡量，字符长度与单词个数密切相关，字符长度越大说明创意标题复杂度越大。同样的，创意内容复杂度也是创意信息特征方面的解释变量，用创意内容的字符长度衡量，字符长度越大，说明创意内容复杂度也就越大。

（3）创意主观性。创意主观性是关于创意文本情感特征方面的解释变量，用创意内容中的情感词汇衡量。如果创意内容中出现了 helpful（乐于助人）、satisfied（满意）等积极词汇或 bad（不好）、dislike（不喜欢）等消极的词汇，则认为是主观性创意，取值为 1；如果创意内容中不含任何积极或消极的词汇，则认为是客观性创意，取值为 0。情感词汇主要运用 Modeler 数据挖掘软件中自带的文本挖掘节点进行分析和判断。

（4）创意消极性。创意消极性也是创意情感特征方面的解释变量，用创意内容的情感极性衡量。通过 SentiWordNet3.0 情感词典可以直接查询部分词汇的积极性得分、消极性得分和客观性得分，如 happy（快乐的）的极性取值为（0.125, 0, 0.875），bad（不好）的极性取值为（0, 0.75, 0.25）；有些词汇的极性无法从词典中直接获，则它们的三项极性得分都为零，如 card（卡）、coffee（咖啡）。将 SentiWordNet3.0 情感词典运用到基于极性累加的文本情感分析方法中，就可以得到创意的积极性得分、消极性得分和客观性得分，具体操作程序见附录 1。如果消极性得分大于积极性得分，说明创意具有消极性倾向，将创意消极性量化为 1；如果消极性得分小于等于积极性得分，认为创意不具备消极性倾向，将创意消极性量化为 0。

（5）用户参与积极度。用户参与积极度是创意提供者特征方面的解释变量，用社区用户的积分衡量，在星巴克 My Starbucks Idea 社区的个人信息界面上，可以看到用户的积分。积分获取与用户提交创意的数量、点赞或评论其他社区用户创意的次数密切相关，如社区用户 Melody 的积分是1046。数据处理时，本书对用户积分做算术平方根变换，让数据集落在较小的区间内。

（6）用户先前经验。用户先前经验是创意提供者特征方面的一个解释变量，用提供者先前提交的所有创意数量衡量，这里的"先前"界定为"前一天"。例如，社区用户 Melody，2010 年 10 月 23 日提交了一个创意且创意评价状态为"已经被实施"，在该日期之前 Melody 提交的创意总数为109 个，说明 Melody 是一个拥有丰富经验的社区用户。数据处理时，同样对用户先前提交的创意数量做算术平方根变换。

（7）用户信誉。用户信誉是关于创意提供者特征的另一个解释变量，用创意提供者是否获得了社区授予的虚拟勋章衡量，而虚拟勋章与用户创意是否被企业实施直接相关。如果用户先前存在被实施的创意，将用户信誉取值为 1，反之取值为 0。同样是用户 Melody，2010 年 10 月 23 日之前提交的 109 个创意数量中，其中有 5 个创意已经被实施，这说明 Melody 还是一个具有社区威望且信任度较高的用户。

3.4.3 控制变量测量

在创意信息方面，本书认为不同类型的创意被实施的难度不一样，所以创意类型可能会影响创意的实施价值。数据集中分别用 1、2、3 来表示"产品创意""体验创意""参与创意"。此外，随着市场和技术的快速发展，创意的时效性也可能会影响创意实施价值。因此，在数据集中用1~9依次表示创意提交时间为 2008—2016 年，代表创意的不同实效性。在创意提供者方面，用户披露私有信息与创新绩效有显著影响[21]，因此本书将用户披露私有信息作为一个控制变量。目前，在星巴克的 My Starbucks Idea 社区网页上能直接观察的用户私有信息只有用户地址和头像，由于头像不方便采集且缺乏真实性，所以仅考虑用户地址的公开情况。当用户地址公开时，用户披露私有信息取值为1；当用户地址显示空白时，用户披露私有信息取值为0。另外，跟创意提交时间一样，用户注册时间也有可能影响创意实施价值，数据集中同样用1~9依次表示用户注册时间为2008—2016年的时间段。

所有的变量测量汇总如表3–1所示。

表3–1 变量测量

变量名称	变量符号	取值
创意实施价值	IAValue	创意被实施取值为1，否则取值为0
创意受欢迎度	IPopularity	创意投票分数大于10取值为1，否则取值为0
创意标题复杂度	ITComplexity	创意标题单词数
创意内容复杂度	ICComplexity	创意内容单词数
创意主观性	ISubjectivity	创意内容中包含情感词汇取值为1，否则取值为0
创意消极性	INegativity	创意消极性得分大于积极性得分取值为1，否则取值为0
用户参与积极度	UEActive	用户积分的算术平方根
用户先前经验	UPExperience	用户先前提交创意数量的算术平方根
用户信誉	UReputation	用户先前提交创意数量中存在被实施创意取值为1，否则取值为0
创意类型	ICategory	"产品创意"取值为1，"体验创意"取值为2，"参与创意"取值为3
创意提交时间	ISTime	2008—2016年依次取值为1~9
用户披露私有信息	UPInformation	公开私人地址取值为1，否则取值为0
用户注册时间	URTime	2008—2016年依次取值为1~9

3.5 模型建立

当因变量（被解释变量）是离散型变量而不是连续型变量时，线性回归模型就不再适用了[22]。对于一个二分类被解释变量的分析多使用非线性函数，最常用的是二项Logistic回归模型。二项Logistic回归是一种概率模型，其被解释变量为响应变量中某一结果发生与否的概率，自变量（包括解释变量和控制变量）为影响该结果发生的因素[23]。根据上述变量测定和

第3章 开放式创新社区创新源价值识别（Ⅰ）——以星巴克 My Starbucks Idea 为例

二项 Logistic 回归原理建立模型如下

$$\text{Logit} = \ln\left(\frac{p}{1-p}\right) = A + b_1 \text{IPopularity} + b_2 \text{ITComplexity}$$
$$+ b_3 \text{ICComplexity} + b_4 \text{ISubjectivity} + b_5 \text{INegativity}$$
$$+ b_6 \text{UEActive} + b_7 \text{UPExperience} + b_8 \text{UReputation} \quad (3-1)$$
$$+ b_9 \text{ISTime} + b_{10} \text{UPInformation} + b_{11} \text{URTime}$$
$$+ b_{12} \text{ICategory}(1) + b_{13} \text{ICategory}(2)$$

其中，P 为 IAValue = 1 的概率，$1 - P$ 为 IAValue = 0 的概率。由方程 (3-1) 可以推出

$$p = \frac{e^{a + b_1 \text{IPopularity} + b_2 \text{ITComplexity} + \cdots + b_{13}\text{ICategory}(2)}}{1 + e^{a + b_1 \text{IPopularity} + b_2 \text{ITComplexity} \cdots + b_{13}\text{ICategory}(2)}} \quad (3-2)$$

A 为截距项（常数项），解释所有自变量都取 0 时，对数发生比的预测值。b_2、b_3、b_6、b_7、b_9、b_{11} 为连续型解释变量的回归系数，表示在其他变量不变的情况下，对应自变量一个单位的变化所导致的对数发生比的变化。如果是显著的正系数，那么对数发生比随对应自变量值增加而增加；相反，显著的负系数则说明对数发生比随对应自变量的增加而减少。因分类型自变量自身并不参与回归分析，因此将它们转化为虚拟变量，m 个分类需设立 $m-1$ 个虚拟变量。所以，IPopularity 为以不受欢迎创意为参照类别的受欢迎创意的虚拟自变量；ISubjectivity 为以客观性创意为参照类别的主观性创意的虚拟自变量；INegativity 为以积极性创意为参照类别的消极性创意的虚拟自变量；UReputation 为以没有用户信誉为参照类别的有用户信誉的虚拟自变量；UPInformation 为以不披露私有信息为参照类别的披露私有信息的虚拟自变量；ICategory（1）和 ICategory（2）各自为以"参与创意"为参照类别的"产品创意"虚拟自变量和"体验创意"虚拟自变量；b_1、b_4、b_5、b_8、b_{10}、b_{12}、b_{13} 分别为这些虚拟自变量的回归系数，即相对于参照类别，虚拟自变量在因变量值上的差别。

利用数据挖掘软件 IBM SPSS Modeler 15.0 建立二项 Logistic 回归模型（进入法）的工作流如图 3-6 所示，其中：①为数据源节点，用来导入待

分析数据集；②为类型节点，用来设置变量类型及输入输出；③为过滤节点，对变量进行筛选过滤；④为统计量节点，对数据集进行基本描述性分析；⑤为 Logistic 模型节点，用来设置模型的模式、过程和方法；⑥为模型结果节点；⑦为分析节点，用来观察模型结果。

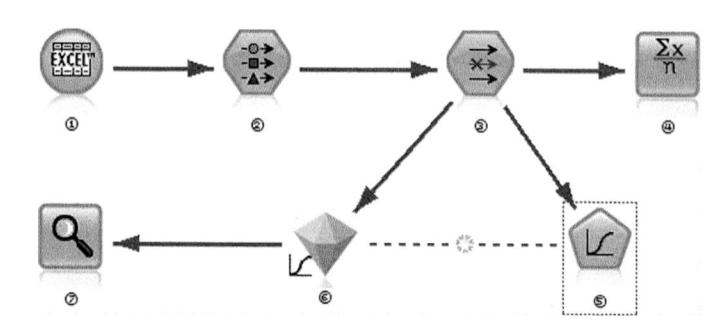

图 3-6　二项 Logistic 回归模型工作流

3.6　模型结果

3.6.1　描述性统计结果

变量的基本描述性统计，包括计数、平均值、最小值、最大值、方差、标准差和平均值标准误见表 3-2。

表 3-2　基本描述性统计

统计量	计数	平均值	最小值	最大值	方差	标准差	平均值标准误
IAValue	1610	0.244	0	1.000	0.185	0.430	0.011
IPopularity	1610	0.560	0	1.000	0.247	0.497	0.012
ITComplexity	1610	5.901	1	49.000	17.691	4.206	0.105
ICComplexity	1610	71.833	0	162.000	1874.426	43.295	1.079
ISubjectivity	1610	0.818	0	1.000	0.149	0.386	0.010
INegativity	1610	0.422	0	1.000	0.244	0.494	0.012
UEActive	1610	3.638	0	61.879	47.146	6.866	0.171
UPExperience	1610	0.758	0	35.043	7.056	2.656	0.066

续表

统计量	计数	平均值	最小值	最大值	方差	标准差	平均值标准误
UReputation	1610	0.019	0	1.000	0.018	0.135	0.003
ICategory	1610	1.622	1	3.000	0.591	0.769	0.019
ISTime	1610	3.497	1	9.000	2.683	1.638	0.041
UPInformation	1610	0.171	0	1.000	0.142	0.376	0.009
URTime	1610	3.173	1	9.000	2.772	1.665	0.041

从基本描述性统计结果可以看出，数据集中没有极端值和异常值，数据间的量纲差距也在可接受范围之内，因此数据总体质量较好。由 IAValue 可知，在数据集中有实施价值的创意数量占 24.4%，没有实施价值的创意数量占 75.6%。根据 IPopularity，受欢迎的创意和不受欢迎的创意大致各占一半。由情感分析变量可知，81.8% 的创意包含情感词汇，42.2% 的创意具有消极性倾向。由 UPInformation 可知，不到 20% 的用户公开了个人私有信息，大部分用户选择了保密。

3.6.2 模型检验结果

模型一中只包含了控制变量，模型二中只包含了解释变量，模型三中包含了全部自变量。由表 3-3 中的 LR chi^2 和 Prob > chi^2 可以看出，所有模型的似然卡方统计量对应的 p 值都接近于 0，小于显著性水平 0.01，因此拒绝原假设。这说明三个模型的线性关系均为显著，即方程（3-1）成立。Nagelkerke R^2 统计量是对 Cox & Snell R^2 统计量的修正，用来检验方程对因变量变差解释的程度，其值在模型一中为 9.8%，在模型二和模型三中分别增加到 21.3% 和 25.9%，说明模型的拟合效果一般。Correctly classified 是模型正确预测率，其值在模型一中为 75.6%，同样在模型二和模型三中都有所提高，分别取值为 75.8% 和 77.8%，说明模型的预测效果较好。以模型三的 Correctly classified 为例，绘制 ROC 曲线直观地反映模型预测正确率如图 3-7 所示。

表3-3 二项Logistic回归模型结果

变量符号	模型一 只含控制变量 B	模型一 只含控制变量 Exp(B)	模型二 只含解释变量 B	模型二 只含解释变量 Exp(B)	模型三 包含所有变量 B	模型三 包含所有变量 Exp(B)
IPopularity	—	—	1.731***	5.645	1.633***	5.118
	—	—	(0.000)	—	(0.000)	—
ITComplexity	—	—	-0.069***	0.934	-0.060***	0.942
	—	—	(0.000)	—	(0.002)	—
ICComplexity	—	—	-0.009***	0.991	-0.008***	0.992
	—	—	(0.000)	—	(0.000)	—
ISubjectivity	—	—	0.294*	1.341	0.211	1.234
	—	—	(0.096)	—	(0.244)	—
INegativity	—	—	-1.341	0.877	-0.117	0.889
	—	—	(0.308)	—	(0.374)	—
UEActive	—	—	0.034*	1.034	0.030	1.030
	—	—	(0.056)	—	(0.103)	—
UPExperience	—	—	-0.219***	0.803	-0.205***	0.815
	—	—	(0.001)	—	(0.004)	—
UReputation	—	—	1.198**	3.313	1.151**	3.163
	—	—	(0.023)	—	(0.033)	—
ISTime	-0.305***	0.737	—	—	-0.260***	0.771
	(0.000)	—	—	—	(0.007)	—
ICategory(1)	0.824***	2.280	—	—	0.403**	1.496
	(0.000)	—	—	—	(0.037)	—
ICategory(2)	-0.344	0.709	—	—	-0.566**	0.568
	(0.099)	—	—	—	(0.013)	—
UPInformation	-0.262	0.769	—	—	-0.028	0.972
	(0.127)	—	—	—	(0.886)	—
URTime	0.027	1.028	—	—	0.038	1.039
	(0.745)	—	—	—	(0.685)	—
Constant	-0.578***	0.561	-1.523***	0.218	-0.796***	0.451
	(0.004)	—	(0.000)	—	(0.007)	—

第3章 开放式创新社区创新源价值识别（Ⅰ）——以星巴克 My Starbucks Idea 为例

续表

变量符号	模型一 只含控制变量		模型二 只含解释变量		模型三 包含所有变量	
	B	Exp(B)	B	Exp(B)	B	Exp(B)
N	1610	—	1610	—	1610	—
LR chi^2	109.450	—	248.347	—	306.879	—
Prob > chi^2	0.000	—	0.000	—	0.000	—
Nagelkerke R^2	9.8%	—	21.3%	—	25.9%	—
Correctly classified	75.6%	—	75.8%	—	77.8%	—

＊＊＊表示 $p<0.01$，＊＊表示 $p<0.05$，＊表示 $p<0.01$。N 为样本量。

ROC曲线下的区域为0.7785

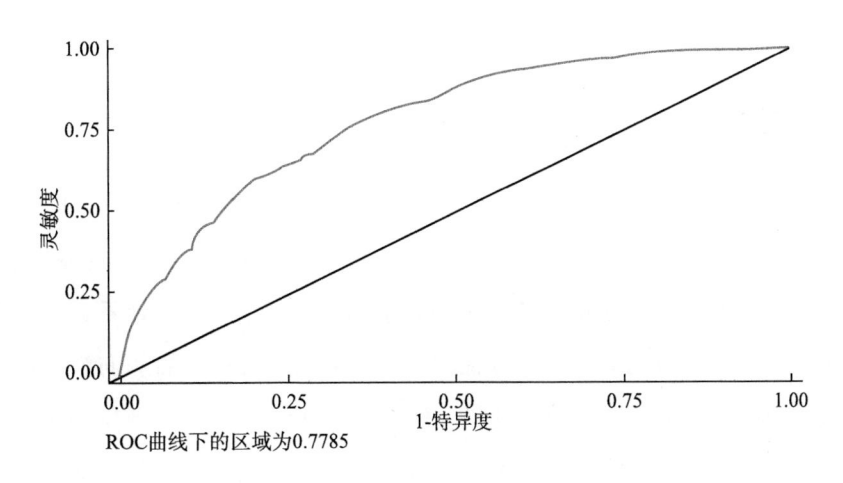

图 3-7 ROC 曲线

3.6.3 参数估计结果

参数估计结果见表 3-3。其中的 B 是自变量回归系数的参数估计；Exp(B) 是相应变量的发生概率（Odds Ratio），即在其他条件不变的情况下，自变量每改变一个单位，事件发生比（Odds）的变化率。分别从创意信息特征、创意情感特征、创意提供者特征和控制变量，对二项 Logistic 回归模型的参数估计结果进行分析。

（1）创意信息特征的参数估计结果。在创意信息特征方面，创意受欢迎度、创意标题复杂度和创意内容复杂度在模型二和模型三中统计显著，估计系数的 p 值都小于显著性水平 1%。以模型三为例，在控制其他自变量的条件下，受欢迎创意被实施的发生比是不受欢迎创意的 5.118 倍，说明创意受欢迎度与创意实施价值有显著的正向关系，受欢迎创意比不受欢迎创意更有实施价值；创意标题复杂度与创意实施价值显著负相关，增加一个单位的标题字符长度使创意被实施的发生比减少 0.942 倍，说明标题更简洁的创意更具有实施价值；创意内容的字符长度与创意实施价值也是显著负相关关系，增加一个单位的内容字符长度使创意被实施的发生比减少 0.992 倍，同样说明内容更加简练的创意更可能被实施。所以，实证结果支持假设 H1、假设 H2 和假设 H3。

（2）创意情感特征的参数估计结果。在创意情感特征方面，对于创意主观性而言，估计系数的 p 值在模型二中小于显著性水平 10%，在其他变量不变的情况下，主观性创意被实施的发生比是客观性创意的 1.341 倍。创意主观性在模型三中没有通过显著性检验，但估计系数的方向同样说明创意主观性与创意实施价值是正相关关系。创意消极性的估计系数在模型二和模型三中都没有通过显著性检验，说明创意内容中是否倾向消极性对创意实施价值没有显著影响。所以，实证结果部分支持 H4，不支持 H5。

（3）创意提供者特征的参数估计结果。在创意提供者特征方面，用户参与积极度的估计系数 p 值在模型二中小于显著性水平 10%，当控制其他自变量的条件下，用户积分的算术平均数每增加一个单位，创意被实施的发生比增加 1.034 倍。在模型三中，用户参与积极度的估计系数没有通过显著性检验，但两个模型中的系数方向都说明用户参与积极度与创意实施价值是正相关关系。用户先前经验在模型二和模型三中均在 1% 的置信水平下统计显著，用户信誉在模型二和模型三中均在 5% 的置信水平下统计显著。以模型三为例，在控制其他自变量的条件下，用户先前经验与创意实施价值是显著负相关关系，用户先前提交创意数量的算术平方根每增加一个单位，创意被实施的发生比减少 0.815 倍，说明用户对过去提交创意的经验存在依赖性，其提交的创意数量多但不代表创意的实施价值水平高；有信誉的用户再次提交创意被实施的发生比是没有信誉的 3.163 倍，说明用户信誉与创意实施价值有显著的正向关系。所以，实证结果部分支持 H6，完全支持 H8，而与 H7 的假设相反。

（4）控制变量的参数估计结果。在控制变量方面，由模型一和模型三可知，只有创意提交时间和创意类型在统计上显著。在控制其他自变量的条件下，创意提交时间与创意实施价值是负相关关系，随着开放式创新社区和市场的不断发展，用户提出有价值创意的难度可能越来越大，或者 My Starbucks Idea 社区对创意价值的要求可能正变得越来越高。"产品创意"有实施价值发生比较"参与创意"高，"体验创意"有实施价值的发生比较"参与创意"低，说明不同类型之间的创意被实施的难易程度不一样。用户披露私有信息和用户注册时间的估计系数统计性不显著，说明用户是否披露私有信息与创意实施价值发生比没有显著差别，新用户和老用户之间对创意实施价值发生比也没有显著差别。

3.7 模型稳定性验证

从两个方面验证模型结果：一方面是对上述模型结果做稳定性检验，目的是排除可疑因素后，模型结果是否保持一致；另一方面是检验更多创意特征在其他行业开放式创新社区与创意实施价值的关系，看该模型在不同行业的结果是否存在显著差异。

关于创意标题复杂度、创意内容复杂度与创意实施价值关系的稳定性检验，我们在模型中分别加入创意标题复杂度的二次项和创意内容复杂度的二次项，但都未能通过显著性检验，说明不存在"U"型关系。关于用户先前经验、用户信誉与创意实施价值关系的稳定性检验，考虑到创意评价过程需要一段时间，验证时将"先前"界定为"前一天"调整为"前一个月"，调整后的模型结果与调整前保持一致。通过添加上述模型验证，说明基于星巴克的 My Starbucks Idea 开放式创新社区的模型结果稳定性较好。

对该模型做不同行业开放式创新社区创意的模型检验，本书选取戴尔的 IdeaStorm 社区，原因是该社区与星巴克的 My Starbucks Idea 社区界面风格非常相似，两者具有类似的功能特点。不同之处在于所属行业不同，星巴克是食品饮料零售服务行业，戴尔是高新技术行业。

从戴尔的 IdeaStorm 社区中共收集了 1067 个有效创意，其中 35.9% 的创意已经被实施或部分实施，64.1% 的创意没有被实施。因为目前 IdeaStorm 社区并不全部公开用户提交创意的详细情况，所以我们只收集了创意信息特征和创意情感特征两个方面的字段。采用同样的处理方法和模型，得到检验结果如表 3-4 所示。

表 3-4 戴尔 IdeaStorm 社区的模型结果

创意信息特征变量	B	Exp(B)	模型结果	对比星巴克社区模型结果
创意受欢迎度	0.165	1.179*** (0.000)	支持原假设	一致
创意标题复杂度	0.120	1.127* (0.095)	与原假设相反	不一致
创意内容复杂度	0.023	1.024** (0.028)	与原假设相反	不一致
创意主观性	1.762	5.824* (0.084)	支持原假设	一致
创意消极性	-0.045	0.956 (0.941)	不支持原假设	一致

*** 表示 $P<0.01$，** 表示 $P<0.05$，* 表示 $P<0.1$。

对比星巴克的 My Starbucks Idea 社区在创意信息特征和创意情感特征方面的模型结果，戴尔的 IdeaStorm 社区的创意受欢迎度、创意主观性和创意消极性的结果保持一致，创意标题复杂度和创意内容复杂度的结果不一致。模型结果出现差异的原因可能在于：戴尔是 IT 产品和服务提供商，创新技术难度大，在描述创意时往往需要更专业的术语及更详细的文本结

第 3 章　开放式创新社区创新源价值识别（Ⅰ）——以星巴克 My Starbucks Idea 为例

构，如在戴尔创意文本中提到"DDR3 system memory""The new Ubuntu Netbook Remix OS""Mobile devices""Servers and storage"等专业术语。同时，在戴尔的 IdeaStorm 社区的创意中，有些创意内容会运用图片提高创意说服力，而星巴克的 My Starbucks Idea 社区的创意内容中基本不涉及图片。此外，在收集到两个样本数据中，戴尔的 IdeaStorm 社区有 6% 的创意内容中包含超链接，而星巴克的 My Starbucks Idea 社区只有 1.6%。持有图片和更多超链接说明戴尔的 IdeaStorm 社区表达的创意内容更为丰富，这也可能需要更多字符去解释和支撑。因此，考虑行业特征，不同开放式创新社区创意实施价值影响因素的结论会存在一定差异性。从戴尔的 IdeaStorm 社区验证结果来看，在创意受欢迎度、创意主观性和创意消极性方面呈现一致性，而差异性的部分可以通过行业自身特征进行解释。

3.8　研究结论与管理启示

3.8.1　研究结论

通过以上研究，我们得到以下主要结论：

（1）创意信息特征、创意情感特征和创意提供者特征均会对创意实施价值产生重要影响，但各特征因素的影响显著程度和作用方向存在差异。

（2）从创意信息特征方面考虑：受欢迎的创意比不受欢迎的创意更有实施价值；创意标题复杂度、创意内容复杂度对创意实施价值都有显著的影响，作用方向因行业特征而异。

（3）从创意情感特征方面考虑：主观性创意比客观性创意更有实施价值，而创意消极性对创意实施价值的影响没有显著差异。

（4）从创意提供者特征方面考虑：用户参与积极度与创意实施价值是显著的正相关关系，用户先前经验与创意实施价值是显著的负相关关系，有信誉的用户更有可能提出有实施价值的创意。

通过模型结果验证，基于星巴克的 My Starbucks Idea 社区创新源实施价值影响因素的研究结果稳定性较好。但由于行业特征，不同行业的开放式创新社区创新源实施价值影响因素的结论既有共性又有个性。其中，创意受欢迎度具有较好适用性，李（Li）[24]等学者的研究也说明了这一特点；创意主观性对不同行业的创意实施价值都存在积极影响，而创意消极不影响创意实施价值的识别；创意标题复杂度和创意内容复杂度受行业自身特征影响对创意实施价值作用方向存在显著差异。

3.8.2 管理启示

对于实施开放式创新战略的企业而言，建立开放式创新社区是为了更广泛地获取有价值的创新源，从而提升企业的核心竞争力。在有限人力资源和严格成本控制下，如何从分散化创新源中快速地找到有价值的创意是企业重点关注的实际问题。在开放式创新社区中每天都会有大量的创意提交，而企业不太可能对所有创意花费太多时间进行精确阅读，所以并不是全部有价值的创新资源都可以被企业快速识别和利用。根据研究结果，我们发现创意受欢迎度、创意标题复杂度、创意内容复杂度、创意主观性、用户参与积极度、用户先前经验和用户信誉都可以作为开放式创新社区判断创意是否具备实施价值的重要依据。基于此，提出以下开放式创新社区创意的管理启示，对开放式创新社区管理者识别有价值创意和社区用户提高创意实施可能性提供参考策略。

（1）根据创意受欢迎度，开放式创新社区管理者可以对创意投票分数设置一个合理的阈值，只有达到阈值的创意才能进入企业内部评估。其中，阈值可以结合创意类型和创意提交时间灵活调整，因为不同类型和不同时间段提交的创意对创意实施价值的影响程度不同。

（2）根据创意标题复杂度和创意内容复杂度，要综合考虑开放式创新社区所属行业的性质。像星巴克属于食品饮料零售服务业，生产的产品属于消耗品，创新相对简单，所以 My Starbucks Idea 社区的创意内容并不要

第3章　开放式创新社区创新源价值识别（Ⅰ）——以星巴克 My Starbucks Idea 为例

求复杂的专业知识。对于这类社区用户而言，尽可能简练、明确地表达创意的核心思想有利于提高创意被实施的可能性。像戴尔属于高新技术行业，生产的产品属于耐用品，产品创新难度更大，其 Dell IdeaStorm 社区的创意内容要求更加专业和复杂的知识基础。对于这类社区用户而言，详细地描述创意内容有利于支撑创意观点，提高创意被实施的可能性。所以，创意复杂度对创意实施价值的影响因行业而异。

（3）根据创意主观性，社区用户在描述创意时可以适当地加入自己的体验和感受。如果用户一味地抱怨或放大情绪，这可能导致创意内容缺乏实质性和建设性观点。对开放式创新社区管理者而言，对于用户宣泄的情感也需要给予更多的关注和合理的解释，避免负面消息造成的不良影响。

（4）根据用户参与积极度和用户信誉，对于社区用户提交创意、发表评论以及点赞投票的行为，说明用户既是创意的贡献者，也是知识的传播者。对于先前有被企业实施创意的用户，就像是社区用户中的"领先用户"。因此，开放式创新社区管理者可以特别关注这部分有信誉且积极参与创新的用户群体，对于高积分用户或有信誉的用户可以考虑用奖励或礼品的方式鼓励他们持续创新，维持并不断扩大社区中的创新血液。

（5）根据用户先前经验，在开放式创新社区中，不同用户智慧头脑中的知识相互碰撞、启发、借鉴和补充，相互吸收新知识，有利于突破固有认知资源的束缚和创意灵感的激发。因此，开放式创新社区管理者需要长期鼓励和支持用户之间的互动，而不仅仅是把开放式创新社区作为一个允许用户提交创意的平台。所以，企业灌输给社区用户的创新理念不再是纯粹提交创意的行为，更多的是关于产品或服务创意相关的知识互动以及企业文化共享。

此外，基于创新的虚拟平台，与社区用户的数量和分散化程度密切相关，其中用户数量是社区运行的关键管理要素。随着社交媒体技术的快速发展，企业还可以从其他互联网渠道，如 Facebook、Twitter 等社交平台将各种各样的新用户吸引到企业所建立的开放式创新社区中。对于不断分散化的创新资源,开放式创新社区管理者还须进一步提高资源管理能力和创意整合效率。

参考文献

[1] 秦敏. 企业开放式创新社区研究探索与展望[J]. 江西师范大学学报:哲学社会科学版,2014(5):21-26.

[2] GANGI P M D, WASKO M. Steal my idea! Organizational adoption of user innovations from a user innovation community: a case study of Dell IdeaStorm [J]. Decision support systems, 2009, 48 (1): 303-312.

[3] HALLERSTEDE S H. Managing the lifecycle of open innovation platforms [M]. Berlin: Springer Fachmedien Wiesbaden, 2013.

[4] DIMITRA C. Introducing open service innovation platforms: a case study [R]. Dublin: XXV Ispim Innovation Conference, 2014.

[5] BLOHM I, KROGLU O, LEIMEISTER J M, et al. Absorptive capacity for open innovation communities – learnings from theory and practice [C]. San Antonio: Academy of Management Annual Meeting, 2011.

[6] 戚桂杰,李奕莹. 企业开放式创新社区在线用户贡献度研究[J]. 科技进步与对策,2016,33(14):81-87.

[7] 秦敏,乔晗,陈良煌. 基于CAS理论的企业开放式创新社区在线用户贡献行为研究:以国内知名企业社区为例[J]. 管理评论,2015,27(1):126-137.

[8] 吴金红,陈强,张玉峰. 基于众包的企业竞争情报工作模式创新研究[J]. 情报理论与实践,2014,37(1):90-93.

[9] 涂艳,孙宝文,张莹. 基于社会媒体的企业众包创新接包主体行为研究——基于众包网站调查的实证分析[J]. 经济管理,2015(7):138-149.

[10] GEISE F A. Integration of consumers into new product development by social media – basedcrowdsourcing – findings from the consumer goods industry in Germany [M] // CHRISTODOULIDES G, STATHOPOULOU A, EISEND M. Advances in advertising research. Berlin: Springer Fachmedien Wiesbaden, 2017.

[11] LEE H, SUH Y. Who creates value in a user innovation community? a case study of My

StarbucksIdea. com [J]. Online information review, 2016, 40 (2): 170 - 186.

[12] PÉNIN J, HELMCHEN B T. Crowdsourcing of inventive activities: definition and limits [J]. International journal of innovation & sustainable development, 2011, 5 (3): 246 - 263.

[13] LOWREY T M. The effects of syntactic complexity on advertising persuasiveness [J]. Journal of consumer psychology, 1998, 7 (2): 187 - 206.

[14] ANDERSON R C, DAVISON A. Conceptual and empirical bases of readability formulas [M] // DAVISON A, GREEN G M. Linguistic complexity and text comprehension: readability issues reconsidered Hillsdale. Mahwah: Lawrence Erlbaum Associates, 1988.

[15] CHMIEL A, SOBKOWICZ P, SIENKIEWICZ J, et al. Negative emotions boost users activity at BBC forum [J]. Physica a statistical mechanics & its applications, 2010, 390 (16): 2936 - 2944.

[16 HIPPELV E. Successful industrial products from customer ideas [J]. Journal of marketing, 1978, 42 (1): 39 - 49.

[17] HIPPEL V E. Lead users: a source of novel product concepts [J]. Manage science, 1986, 32 (7): 791 - 805.

[18] MARSH R L, WARD T B, LANDAU J D. The inadvertent use of prior knowledge in a generative cognitive task [J]. Memory & cognition, 1999, 27 (1): 94.

[19] SAM C Y, CAI Y Y. A study on the use of social media to understand consumer preference: the case of starbucks [J]. Biotechnology healthcare, 2015.

[20] 陈琦. 星巴克的重生之路 [J]. 管理创新, 2016 (5): 50 - 52.

[21] 董坤祥, 侯文华, 周常宝, 等. 众包竞赛中解答者创新绩效影响因素研究——感知风险的调节效应 [J]. 科学学与科学技术管理, 2016, 37 (2): 21 - 29.

[22] 王济川, 郭志刚. Logistic 回归模型——方法与应用 [M]. 北京: 高等教育出版社, 2001.

[23] 易丹辉, 何铮. Logistic 模型及其应用 [J]. 统计与决策, 2003 (3): 26 - 28.

[24] LI M, KANKANHALLI A, KIM S H. Which ideas are more likely to be implemented in online user innovation communities? An empirical analysis [J]. Decision support systems, 2016, 84: 28 - 40.

第4章 开放式创新社区创新源价值识别（Ⅱ）
——基于认知心理学视角

在开放式创新社区中，信息超载是困惑创意价值评判的一个重要问题。本章将从认知心理学角度，基于首因效应等理论，试图专门从创意标题分析去探讨影响创意实施价值的因素，以期为解决开放式创新社区中普遍面临的信息超载问题提供新的思路和理论依据。

4.1 认知心理学的相关理论基础

4.1.1 认知心理学概述

认知（cognition）是描述知识的获得、存储、转换和使用，认知是一种心理活动，认知包括了大量的心理加工过程。20世纪开始心理学家们对行为主义学者的观点越来越不赞同，因为行为主义理论不能提供关于心理加工过程的任何信息，它没有讨论人在解决问题时所用到的策略和想法，因此许多研究学者开始研究人类行为的心理动机。随着语言学、人类及医学和思维加工三个领域的发展，认知心理理论开始逐渐形成，在心理学研究中认知心理学理论开始取代行为理论成为心理学研究中占主导地位的理论。认知心理学（cognitive psychology）在20世纪50年代由西方心理学家提出，具体来说，认知理论是强调人们思维加工和知识的流派，认知心理学研究如"注意力、语言使用、记忆、感知、解决问题、创造力和思维"

等人类心理过程[1]。认知心理学是认知科学的一部分，认知心理学强调了认知加工过程中的主题，这些主题可引导认知学习过程，并且提供了心理能力的复杂性的框架。认知心理学中有一些理论和概念可以解释人们如何做出决策，如首因效应、认知负荷和信息说服力等。

4.1.2 首因效应理论

认知心理学认为，事物出现顺序的先后会影响人对事物的认知，人对信息的第一印象会影响对事物的后续判断，这就是首因效应[2]。1913年艾宾浩斯（Ebbinghaus）[3]研究了关于人记忆的著名首因效应实验，实验发现第一次出现的事物比后来出现的更容易让人记住，这种现象在心理学领域广泛存在，人心理上对事物的第一印象会影响对事物的总体认知。在社会认知中，认知加工行为是主动的且人们会根据对信息第一印象记忆深刻。在社会认知过程中信息呈现的先后顺序会影响认知，近因效应显示最后出现的印象往往较为深刻，在印象形成的过程中最近呈现的信息比之前呈现的信息更有更大影响[4]。

4.1.3 认知负荷理论

认知负荷这个概念来源于心理学中心理负荷，当人在处理信息时认知负荷超过自己工作记忆能力则造成认知超载。1950年是认知科学的开端，米勒（Miller）在他的经典论文中指出人类工作记忆容量有限，米勒的实验结果得出人类短期内处理七块（chunk）信息[5]。人类处理信息的能力是有限的，20世纪80年代末约翰·哈佛（John Sweller）在研究问题解决过程中提出了认知负荷理论（cognitive load theory），约翰·斯威勒（John Sweller）从认知资源分配的角度考察学习和问题解决。如果认知过程中信息数量超过人类在一定时间内的处理极限，从而影响人的学习和处理问题的效率，则认为会导致认知超载的结果（cognitive overload）[6]。

4.1.4 信息说服力

信息说服力是信息影响力的统称。说服力是指可以影响一个人的态度、意图、信念、行为的力量，信息说服力往往可以通过口头或书面传达信息，从而改变他人想法和行为等。社会认同则是指出人的行为往往会参考于周围的人的行为和周围人所展现行为的方式，人们渴望了解身边的人的行为。社会认同在不确定的环境内十分有效，即在不确定环境内人会关注群体中的普遍行为，行为出现的频率越高，人更容易观察和倾听此类行为，获得社会认同的行为说服力更强[7]。

4.2 研究假设

在开放式创新社区中，随着用户的增加，社区里提交的创意也越来越多，如上一章我们研究的星巴克的 My Starbucks Idea 社区，截至 2016 年 4 月 12 日，该社区已累计提交创意数量 226794 个。这是个庞大的数据且随着用户的活跃，提交的创意数量每天都有可能在不断地增加，这必然造成信息超载和认知超载的问题，此时，首因效应和信息说服力的作用就更加明显。而在开放式创新社区，对于创意筛选者（或评审者）而言，其对创意的阅读首先接触的是创意的标题，因此标题给评审者的首因效应将直接影响其最终的决定，特别是在其面对信息超载，根本无法仔细去阅读每个创意内容的时候，因此，本研究将基于创意的标题，基于认知心理学的首因效应和信息说服力等理论，对影响创意实施的可能性（实施价值）的因素提出相应的理论假设。

4.2.1 创意标题长度的影响

认知心理学认为阅读需要经过许多认知加工的过程，文本内容和信息量会影响阅读者的认知过程[8]。而标题作为文本内容的总结和主题的表达，是阅读中阅读者所关心的重要部分。对于评审者来说，获得创意内容或文章信息最直接的方法是观察标题[9]。标题的长度对于评审者来说至关重，通常评审者希望标题简洁，太长的标题会增加审核工作的难度，让评审者无法判断标题的重点。标题应该简洁且包含充足信息[10]，普通文章通常认为标题在12字以内比较合适，这样的长度既可以包含文章内容的基本信息，也会激发读者的阅读兴趣，从而促使读者阅读文章。吴（Wu）等[11]发现网站中标题太短会导致反映的信息不足，不能总结文本内容，以至于网站的用户点击率低。肖庚生和张再红[12]发现科学研究文章有标题字数限制，以英文论文为例，其标题的合适词数范围是抽取的样本标题平均词数加减4，标题长度在此范围内的论文被引用次数多、具有高价值。类似地，科技论文的题目在语言构造方面要求简明扼要，一般将论文题目字数控制在20个字到30个字为宜[13]。开放式创新社区创意标题是对创意内容的总结概括，创意同科技论文类似，应当具有一定的科学性，所以创意标题太短或太长都不能有效的反映创意内容：标题太短不能包含足够的创意信息，标题太长会让企业审核难度加大。因此，我们认为创意标题的长度也应有一个合适的范围，标题长度在合适范围内的创意内容往往更具价值。虽然目前没有找到统一方法来确定标题长度的合适范围，但由于创意与科技写作在内容上有一定的相似性，因此我们借鉴科技论文的标题合适范围，将创意标题字符数在20~30设定为适中。标题长度适中则容易让评阅者接受，从而获得更好的实施机会。因此，本章提出以下假设：

H1：标题长度适中对创意实施可能性有正向影响。

4.2.2 标题吸引力的影响

在心理学中，吸引力是一种指引人们在一定方向上继续前行的力量，当人们对事物产生兴趣和爱好时，说明事物对人们构成吸引力。标题吸引力是指标题引起读者的兴趣，标题引起读者兴趣以后会引发读者进一步想了解标题背后的东西,即想继续了解其内容。所以在网络上,标题的吸引力与用户的访问率密切相关[14]。用户在网站浏览过程中带有目的性和自主性,通常只会选择自己所关心或者有兴趣的主题进行阅览。在开放式创新社区中也是如此。通常,开放式创新社区中的页面只显示用户创意的标题,用户可以通过创意的标题来决定是否点击访问其内容。那么什么样的标题会对用户或者评阅者有吸引力?回答这个问题需要引入心理距离的概念。心理距离是指个体对人、事物的相处的主观感受,表现在情感的接纳和行为举止上。在传播过程中传播者和接受者之间的心理距离可以构建两者之间的关系,把握好心理距离可以实现良好的传播效果[15]。人类可以通过心理距离这一概念将自己同远端的人或者事物联系起来,心理距离可以反映双方时间、空间、社会视角、思维上的分歧程度。在网络上心理感知会影响到个体的情绪和认同感,如果个人心理感知引发对网络社区的亲密感受,即与网络社区心理距离近,这样会使个人对网络社区认同感[16]。因此,在开放式创新社区中,用户对标题心理感知程度越强,用户与标题的心理距离越近,心理距离近则代表用户认为标题与自己需求相关,标题的心理距离近就会增加用户点击创意内容的概率[17]。企业在选择要实施的创意时会考虑其是否符合用户需求,符合用户需求的创意不仅吸引用户也同样吸引企业,用户所关心的内容也是企业所关心的内容和创新的方向。因此,符合用户利益、与用户自身需求相关的创意标题更具有吸引力,而吸引力大则说明创意符合用户需求,也符合企业的关注,因此越有可能被实施。据此本书提出以下假设:

H2:标题吸引力对创意实施可能性有正向影响。

4.2.3 标题热点的影响

标题热点是指标题反映了社会关注的热点问题。心理学认为人们在不确定和不了解的情况下,社会认同最具有信息说服力[18]。社会认同也体现在大家在一定时间内共同关注某个事件,即社会热点问题。一个创意的主题是否反映了社会共同关注的热点,可以直接体现在其标题上,即如果创意标题出现了社会认同的高频词汇,则可认为是该创意的主题跟社会关注的热点密切相关。因此在开放式创新社区中,标题热点表明标题中出现了高频词,说明其创意方向和创意内容有较好的社会认同度和信息说服力。

此外,格雷格(Gregg)等[19]通过实验发现人对高频词的记忆比对低频词的记忆深刻,这种现象成为词频效应(Word Frequency Effect),即人在回忆中能先想起高频词,高频词更容易被心理认知。因此,开放式创新用户在浏览创意时会对创意标题中出现的高频词的印象深刻。Lopez[10]指出可以用一个与文本内容最相关的名词来做标题,这是一种最简捷的标题,网页自动生产标题时通常提取文本内容中的多个名词来构造标题。在词频分析中,高频名词能够反映标题关注的热点领域,企业也会有意识地优先选择具有高频名词的标题的创意进行评估。因此,如果创意标题中包含高频名词,即具有标题热点,则创意被实施的可能性更高。本章提出假设:

H3:标题热点对创意实施可能性有正向影响。

4.2.4 标题情感的影响

认知心理学认为认知加工是人类的主动行为,即人们主动分析和推论信息的行为,当人们阅读时会主动对文本的内容进行分析和推论。研究表明如果句子是肯定句(即陈述某一事实),则比否定句(带有消极信息)更容易帮助人们理解句子含义[20],即认知加工可以更好地处理积极信息而不是消极信息。认知加工使人们更倾向处理含有积极情绪的信息,而含有消极情绪的信息会让认知加工过程变得困难[21]。

亚里士多德在《修辞术》中提出说服的三种模式,人品诉求(ethos)模式、情感诉求(pathos)模式和理性诉求(logos)模式,理性诉求要求言语逻辑性和理性推论[22]。在开放式创新社区中可以利用理性诉求来说服企业和用户浏览创意,其中理性推论意味着创意标题不要带入个人的情感。情感有积极性、消极性和中性三种类型,研究表明,消极情感的文本的可信度低,不具有客观性[23]。因此,不带消极情绪的中性文本的信息有效性更高[24]。创意标题的文本同样包含着情感因素,通过标题词汇的情感分析可判断其包含的情感类型[25]。如果创意标题出现消极情感时,创意的有用性和可信度下降。同时,有消极情感的创意标题让认知加工过程更困难,导致创意实施的可能性会降低。如果创意标题中不出现任何情感词汇,则说明创意标题具有较好的客观性,此类标题信息有效性更高,企业也更愿意采纳此类创意。因此,本章提出以下假设:

H4:标题消极性对创意实施可能性有负向影响。

H5:标题客观性对创意实施可能性有向正影响。

4.2.5 标题数据化的影响

根据亚里士多德的说服模式,逻辑性和理性推论强的信息更具有说服力。而数据是观察、实验或计算得出的结果,是科学理性的并且可以用于科学研究和实验设计,最简单的数据是数字。在科学研究中数据可以在一定程度上反映研究的理论性和逻辑性,在期刊来稿接受标准中,表示论文必须与数据有联系,不论数据的类型如何,数据在论文中的占多少[26]。在科学研究中数据的出现表明科学研究具有逻辑性,数据的支撑使科学研究更具说服力,可以让读者更加直观地接受科学研究的内容。在开放式创新社区中,如果用户提出的创意包含有数据,那么相较于纯文本构成的内容来说,其逻辑性更强,则创意的说服力也更强。因此,如果创意标题里含有数据,评审人会第一印象认为此创意内容含有一定的科学实验或者计算,这类创意更有说服力和可能被企业所采纳。据此,本章提出以下假设:

H6:标题数据化对创意实施可能性有正向影响。

第 4 章　开放式创新社区创新源价值识别（Ⅱ）——基于认知心理学视角

4.3　数据来源

本研究选择小米 MIUI 社区作为实证研究对象。小米科技有限责任企业于 2010 年成立，是一家研发智能产品的科技企业。小米企业的企业定位是创新驱动的互联网企业，从成立至今小米一直注重用户体验，小米也根据用户体验的感想和建议改进过产品和服务。为了增进用户创新和加强与用户沟通，小米成立了小米 MIUI 社区，此开放式创新社区将"米粉"聚集到一处，让用户参与讨论、提出创意，为未来小米推出新产品、新服务提供创新支持。小米 MIUI 社区是中国注册用户最多的开放式创新社区，目前注册用户人数已超过三千万。小米社区中用户可以参与产品研发、分享产品体验、交流创新想法等，小米 MIUI 社区是小米粉丝们交流产品体验和发挥创新思维的用户平台。小米 MIUI 社区的网页界面如图 4-1 所示。

图 4-1　小米 MIUI 社区网页界面

小米社区有系统应用、性能优化、硬件周边、软件教程、创意集市等板块，通过这些板块用户可以参与到小米的产品设计中。创意集市板块是用户创意聚集地，用户可以在此板块提出关于小米产品和服务的创意，本研究数据源于小米社区的创意集市板块。创意集市板块的创意在发布后会由网站审核，审核完成后创意可标记上状态。创意状态分别为处理中、已答复、请补充、待讨论、已解决和已收录,除了以上六种状态外其他创意未标记,企业未标记的状态的创意可以认为是目前没有价值的创意,已解决和已收录表示创意想法已被采纳。

研究随机抽样选取了 2013 年 1 月至 2018 年 2 月的部分创意数据,共计 4497 条,其中状态为已解决的创意 36 条,状态为已收录的创意 128 条,已被采纳的创意占总创意的 3.65%。用户提出创意的总人数为 3497,其中 3109 名用户提出一条创意,388 名用户提出多条创意。

这些创意中,有标记的创意有 837 条,占创意总数的 19%,未标记的创意为 81%。已标记的创意的状态分布情况如图 4-2 所示。其中已经答复的状态数量最多,有 486 条,占已标记创意的 56%,此类创意被企业审核人员回复过但并未被实施;已收录创意有 128 条,占已标记创意的 15%,已收录的创意企业已经采纳;处理中的创意有 125 条,此类创意还在企业创意评估过程中,其被采纳的可能性是未知的;待讨论的创意有 57 条,占已标记创意的 7%;已解决的创意有 36 条,占已标记创意的 4%,已解决的创意表明企业已经采纳;请补充的创意有 23 条,占已标记状态创意的 3%,企业认为此类创意还不够完善,仍有待创意发布者能够补充相关材料及进行修改完善。

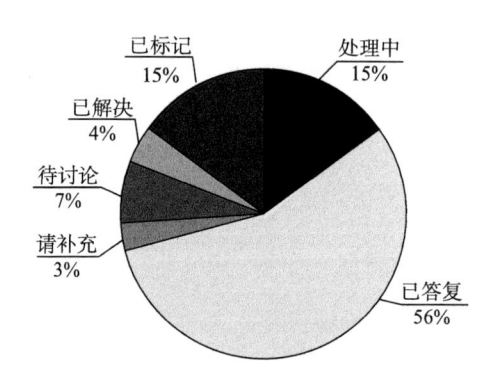

图 4-2　小米社区创意状态分布情况

第4章 开放式创新社区创新源价值识别（Ⅱ）——基于认知心理学视角

4.4 变量设计

4.4.1 因变量

创意实施可能性为因变量，本研究所指的创意实施可能性是指审核后创意采纳的状态，创意状态可反映创意是采纳。由于因变量是二元变量，当创意状态为已解决或已收录时创意被采纳，则因变量取值为1，如果创意未被采纳，则因变量取值为0。

4.4.2 自变量

（1）标题长度。由于标题中可能存在英文、特殊符号和标点符号，字符数在计算机领域中包括各种语言的文字以及标点，所以本研究标题长度使用字符长度来计算。根据研究假设创意标题长度在20~30个字符数时为适中，此时标题长度取值1。创意标题长度小于20个字符则认为标题过短，大于30个字符为标题过长，这两种情况标题长度取值为0。

（2）标题吸引力。用浏览量表示标题吸引力，浏览量可以反映标题的吸引力，当用户觉得创意标题有吸引力时用户会点击标题，阅读创意内容。在二元回归分析中可以把数据进行处理，由于浏览量数值大，数据处理时将浏览量取对数压缩变量取值。

（3）标题热点。首先将标题文本用分词软件进行分词处理，将标题文本分词处理以后可以进行词频统计，使用词云图制作软件制作词云图如图4-3所示。词云图反映了创意标题中词的热度情况，此时未对词性进行划分，高频词中有各类词性不同的词语。用分词软件将词语进行词性标注，将名词词组挑选出来，去除无实际意义的名词，剔除小米等广义描述创意领域的名词，取词频排名为前十的名词作为高频名词，得到高频名词词频统计（见图4-4）。如果标题中出现高频名词则取值为1，如果标题中没有高频名词则取值为0。

图4-3 小米社区高频词云图

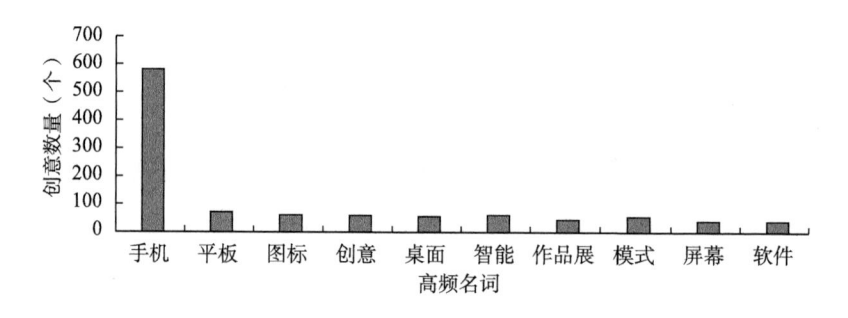

图4-4 小米社区创意标题词频统计

(4)标题情感。将标题分词后对词语进行整理,将语气词人工提取出来,如果标题中出现否定词如"不""不是""没有"等否定词汇可以认为标题情感是消极的。标题中出现否定词标题消极性记为1,否则记为0。对于标题情感是否客观的分析本研究采用知网情感词典软件进行分析,本研究计算句子情感的公式为:情感值=否定词(-1)×程度词权重×情感词权重。知网情感词典中否定词权重为$W=-1$,知网情感词典中有各类情感此的权重。积极词权重为程度词汇"极其""最"权值为1.5,程度词汇"超"权值为1.5,程度词汇"很"权值为1.25,程度词汇"较"

权值为 1.2，程度词汇"稍"权值为 0.5。创意标题以句子的形式呈现，标题情感时用标题中的词语情感计算。

（5）标题数据化。创意标题分词以后可以发现标题里是否含有数字和表达数字的词语。如果标题中出现数字可以让创意标题根据辨识度，数字与文字之间形成强烈对比，增强标题差异性。标题数据化也使标题更具逻辑性，更加具有说服力，如果创意标题中出现数字则创意标题数据化量化为 1，创意标题没有数字则创意标题数据化量化为 0。

4.4.3 控制变量

创意实施可能性受到用户特征和创意特征的影响，根据现有研究文献，本研究控制变量设定为用户发表创意数量、创意回复数、创意发布时间、用户注册时间。用户创意数量是指截止到此次创意发表时的用户累计发表创意数量。在用户个人资料页面可以看到用户所发布过的创意数量，但本研究需要研究的是用户在发表此创意时已经发表过多少创意，可以用 Excel 表格对用户名进行统计，可以计算出用户每次发表创意时已经累计发表创意数量。创意评论数较大，为了增强二元逻辑回归模型的准确性，创意评论数在数据处理时做算数平方根变换，降低数据集的取值范围。创意发布时间会影响创意实施可能性，根据近因效应，最近出现的事物会刺激人的记忆，使得人对事物的印象更加深刻，所以创意发表时间越长，创意被采纳的几率越低。研究的样本创意发布时间从 2013—2018 年，分别取值为 1~6。用户注册时间可以在用户个人资料界面找到，用户注册时间从 2010—2018 年，可以分别取值为 1~9。

变量汇总见表 4-1。

表 4-1 变量定义及说明

变量类型	变量名称	变量符号	取值
因变量	创意实施可能性	implementation	创意被实施取值为 1，否则取值为 0
	标题长度	length	标题字符长度为 20~30 取值为 1，否则取值为 0

续表

变量类型	变量名称	变量符号	取值
因变量	标题吸引力	attraction	创意浏览量取对数
自变量	标题热点	hotspot	标题中出现高频名词取值为1，否则取值为0
	标题消极性	negativity	出现否定词取值为1，否则取值为0
	标题客观性	objectivity	计算出来的标题情感值
	标题数据化	data	出现数字取值为1，否则取值为0
控制变量	用户发表创意数量	ideas	提交创意数量
	创意评论数	comments	评论数的算术平方根
	创意发布时间	itime	2013—2018年，分别取值为1~6
	用注册时间	utime	2010—2018年，分别取值为1~9

4.5 模型建立

与上一章类似，本研究选择二项 Logistic 回归模型来验证提出的理论假设，模型建立如下

$$\begin{aligned}
\text{Logit} &= \ln(P/(1-P)) \\
&= A + \beta_1 \text{length} + \beta_2 \text{attraction} + \beta_3 \text{hotspot} \\
&\quad + \beta_4 \text{negativity} + \beta_5 \text{objectivity} + \beta_6 \text{data} \\
&\quad + \beta_7 \text{ideas} + \beta_8 \text{comments} + \beta_9 \text{itime} \\
&\quad + \beta_{10} \text{utime} + \varepsilon
\end{aligned} \quad (4-1)$$

其中，P 为创意实施可能性为1的概率，$1-P$ 为创意实施可能性为0的概率。A是常数项，$\beta_i(i=1,2,3,4,5,6,7,8,9,10)$ 为自变量的变化对创意实施可能性的影响情况，ε 为误差项。

第4章 开放式创新社区创新源价值识别（Ⅱ）——基于认知心理学视角

4.6 结果分析

4.6.1 描述性统计

模型计算得到变量的描述性统计如表4-2所示，统计显示被实施的创意占创意总数量的3.6%，其余96.4%的创意目前没有被实施。小米MIUI社区的用户平均每人发表的创意数量为2.4157条，最活跃的用户发表创意数量为67条。创意标题长度最大值为80字符，最小值为1字符，创意标题长度的跨越范围大。含高频名词的创意标题占创意总数量19.9%，即19.9%的创意标题都关注领域热点。标题含有否定词的创意占创意总数量的10.9%，即10.9%的标题呈现消极性，87.4%的创意标题具有情感倾向。创意标题中包含数据的比例为12.1%，即只有12.1%的创意标题中含有数字或者表示数字的词汇。

表4-2 描述性统计

变量符号	均值	方差	最小值	最大值
implementation	0.036	0.187	0.000	1.000
length	14.028	14.028	1.000	80.000
attraction	6.670	1.474	2.398	13.608
hotspot	0.199	0.399	0.000	1.000
negativity	0.109	0.312	0.000	1.000
objectivity	0.874	0.124	0.000	1.000
data	0.121	0.284	0.000	1.000
ideas	2.417	5.152	1.000	67.000
comments	5.990	10.441	0.000	248.236
itime	3.690	1.091	1.000	6.000
utime	4.126	2.734	1.000	9.000

4.6.2 相关性分析

相关性分析是对两个变量之间的相关密切程度进行分析,相关性的元素之间需要存在一定的联系才可以进行相关性分析。表 4-3 显示各变量之间的相关系数,从数据可知自变量之间无共线性。创意实施可能性与标题适中、标题吸引力、标题热点、标题客观性、标题数据化、创意评论数、用户注册时间呈显著正相关,与标题消极性、创意发布时间呈显著负相关。

表 4-3 各变量之间的相关关系

变量符号	1	2	3	4	5	6	7	8	9	10	11
implementation	1										
length	0.339	1									
attraction	0.282	-0.021	1								
hotspot	0.391	0.066	-0.004	1							
negativity	-0.064	-0.011	-0.011	-0.018	1						
objectivity	0.241	0.032	0.003	0.012	0.061	1					
data	0.324	-0.011	-0.010	-0.018	0.045	0.002	1				
ideas	-0.004	0.232	-0.001	0.064	-0.035	0.125	0.003	1			
comments	0.228	-0.023	0.741	-0.005	-0.018	-0.021	-0.025	-0.001	1		
itime	-0.069	-0.011	-0.076	-0.020	-0.003	0.012	-0.026	0.024	0.012	1	
uitime	0.072	-0.006	0.054	0.010	0.013	0.001	0.017	0.021	0.017	0.013	1

4.6.3 回归结果分析

回归结果如表 4-4 所示。其中,模型一先将所有自变量加入方程,检验自变量对创意实施可能性的影响;模型二将所有控制变量加入方程,检验控制变量对创意实施可能性的影响;模型三将自变量和控制变量都加入方程,检验加入控制变量后是否使自变量对创意实施可能性的影响产生变化。

表4-4 对创意实施可能性影响的回归结果

变量符号	模型一	模型二	模型三
length	0.111*** (0.006)	—	0.120*** (0.006)
attraction	0.029*** (0.002)	—	0.025*** (0.002)
hotspot	0.142*** (0.006)	—	0.142*** (0.006)
negativity	-0.034*** (0.008)	—	-0.034*** (0.008)
objectivity	0.023*** (0.002)	—	0.021*** (0.002)
data	0.046*** (0.008)	—	0.046*** (0.008)
ideas	—	6.10×10^{-5} (0.001)	-0.003*** (0.000)
comments	—	0.004*** (0.000)	0.001** (0.000)
itime	—	-0.011*** (0.003)	-0.007*** (0.002)
utime	—	0.001*** (0.000)	0.002*** (0.000)
constant	-0.209*** (0.011)	0.052*** (0.010)	-0.154*** (0.018)
R-squared	0.272	0.056	0.282
Adjusted R-squared	0.271	0.055	0.280

*表示在10%的水平上显著，**表示在5%的水平上显著，***表示在1%的水平上显著。

由模型一可看出 R-square 为 0.282，说明模型一的拟合结果较好。创意标题适中的回归系数为 0.111，这表明创意标题适中在 1% 的水平上与创意实施可能性显著正相关，即创意标题长度在 20~30 个字符内对创意实施可能性有正向影响，假设 H1 通过检验。标题吸引力的回归系数为 0.029，这表明创意标题吸引力在 1% 的水平上与创意实施可能性显著正相关，即标题吸引力对创意实施可能性有正向影响，假设 H2 通过检验。标题热点回归系数分别为 0.142，表明创意标题消极性在 1% 的水平上与创意实施可能性显著正相关，假设 H3 通过检验。标题消极性的回归系数为 -0.034，这表明创意标题消极性在 1% 的水平上与创意实施可能性显著负相关，即标题消极性对创意实施可能性有负向影响，假设 H4 通过检验。标题客观性的回归系数为 0.023，这表明创意标题客观性在 1% 的水平上与创意实施可能性显著正相关，即标题客观性性对创意实施可能性有正向影响，假设 H5 通过检验。标题数据化的回归系数为 0.046，这表明创意标题数据化在

1%的水平上与创意实施可能性显著正相关,即标题客观性性对创意实施可能性有正向影响,假设 H6 通过检验。模型一中的常数项显著正相关,表示当自变量取值为 0 时,因变量取值为正。

由模型二可看出 $R-square$ 为 0.056,说明模型二的拟合结果较差。用户发表创意数量未通过显著性检验。创意评论数的回归系数为 0.004 这表明创意评论数在 1% 的水平上与创意实施可能性显著负相关,即创意评论数对创意实施可能性有正向影响。创意发布时间的回归系数为 -0.011,这表明创意评论数在 1% 的水平上与创意实施可能性显著负相关,即创意发布时间越长,创意被实施可能性越小。用户注册时间的回归系数为 0.001,这表明用户注册时间在 1% 的水平上与创意实施可能性显著正相关,即用户注册时间越长,用户所发布的创意被实施可能性越大。模型二中的常数项为负,即当自变量取值为 0 时,因变量取值为负。

模型三的拟合优度为 0.282,为三个模型中拟合结果最好的。其中,加入控制变量后标题长度适中的回归系数增大为 0.120,标题吸引力的回归系数降低为 0.025,说明加入控制变量会增大标题长度适中对创意实施可能性的影响,加入控制变量会降低标题吸引力对创意实施可能性的影响。模型三种标题热点、标题消极性、标题客观性和标题数据化的回归系数不变,通过假设 H3、假设 H4、假设 H5 和假设 H6。模型三中的常数项显著负相关,当自变量取值为 0 时,因变量取值为负。

4.7 研究结论与管理启示

4.7.1 研究结论

本研究探究了创意标题对创意实施可能性的影响,使用二元逻辑回归分析小米社区的创意标题信息,得出以下结论:

(1) 创意标题长度适中对创意实施可能性有正向影响。创意标题长度

第 4 章　开放式创新社区创新源价值识别（Ⅱ）——基于认知心理学视角

适中时可反映创意内容且标题冗余信息少，同时有利于减轻信息超载的影响，简化评审者对创意标题的认知理解过程，更有利于增加创意被实施的可能性。

（2）标题吸引力、标题热点对创意实施可能性有正向影响。标题吸引力和标题热点都具有信息说服力，其对评审者在做选择时具有一定的正向影响力。

（3）标题消极性对创意实施可能性有负向影响。评审者在选择创意时会倾向理性诉求，标题消极性可能会被视为说服力而影响其决策。

（4）标题客观性对创意实施可能性有正向影响。客观陈述观点的标题，更容易让企业识别和快速认知。

（5）标题数据化对创意实施可能性有正向影响。数据在标题中出现可以增加标题的逻辑性，数据是标题的点睛之笔，标题数据化提升了标题的说服力。

4.7.2　管理启示

本研究为企业在开放式创新社区信息超载时提供一些新的管理思路，即企业可以根据创意标题特点建立起一套快速方便和节约成本的创意评估系统，其评估原则如下：

（1）根据创意标题长度，将创意标题分为短、适中和较长，优先在适中范围内的创意进行评估。

（2）根据标题吸引力，将浏览量较高的创意纳入评估系统，结合此类创意已发表的时间和评论数进行筛选。如果浏览量和评论数量都高且发布时间短则要重点审核，这种创意往往是用户关注的热点，代表用户当前的需求，具有高价值和时效性。

（3）根据标题热点，关注热点领域。例如，在小米社区中，可以重点关注以下十个热点方向：手机、平板、图标、创意、桌面、智能、作品展、模式、屏幕、软件。其中手机的频次最高，说明小米社区中关于手机的创意最多，其次是平板，说明关于平板电脑的创意也是创意热点。企业评估创意时可以优先评估关于手机及平板类产品的创意。产品外观及功能领域的热点有图标、桌面、智能、屏幕、软件，企业评估创意时可关注与产品性能及内部配置相关的创意。

（4）评估创意时应考虑创意标题情感。如果创意标题是消极的，这类创意往往不能公正、客观表达观点，欠缺客观性和科学性，因此可以初步剔除这类创意。如果创意标题是客观的，这类创意的说服力强，企业认知过程会更加清晰，企业应当多关注具有客观性的创意。

（5）关注标题中含有数据的创意。标题数据化使得标题以更直观、更简捷的方式呈现出来，企业在评估创意时可以快速注意到数据化标题。这类创意标题简洁明了，加快了企业认知评估过程，企业评估创意时可以着重分析此类标题是否有实施价值。

对于社区中的创意提供者而言，则有以下建议：

（1）书写标题时控制标题字数在20个字符或30个字符内，标题中既要表明自己创意内容的新颖性和创新性，又要包含充足的创意信息。

（2）用户在书写创意标题时应向创意热点领域靠拢。例如，小米社区中，所提创意尽量关注手机、平板等产品，以及关注产品的内部功能及外观设计等热点领域，使创意标题能够符合当前与企业相关的热点话题。

（3）书写标题时要用客观的词汇，不表达消极负面的情感，要公正客观的陈述自己所提交的创意。

（4）如果创意中有数据，可以将数据提取出来构造标题，用准确的数字来说明自己的创意，将自己的创意标题简洁化、数据化。

开放式创新社区面临越来越凸显的信息超载问题，我们基于认知心理学视角，试图从标题这个简单但又非常重要的信息要素去探讨创意价值识别的新方法。尽管目前的研究仍较肤浅，但我们的研究为相关问题的探讨提出了新的研究视角和实证基础，特别是随着越来越多的中国企业选择开放式创新社区来捕获创意时，相信我们的研究会为决策者评估创意提供新

第 4 章　开放式创新社区创新源价值识别（Ⅱ）——基于认知心理学视角

的思路，同时也为相关领域的研究提供新的研究视角。

参考文献

[1] ANDERSON J R. Cognitive psychology and its implications [M]. New York：Freeman，1985.

[2] SURPRENANT A M. Distinctiveness and serial position effects in tonal sequences [J]. Perception & psychophysics，2001，63（4）：737 - 45.

[3] EBBINGHAUS H. Memory：a contribution to experimental psychology [M]. New York：Dover Publications，1913.

[4] DEWEY R. Analysis of rehearsal processes in free recall [J]. Journal of experimental psychology，1971，89（1）：63 - 77.

[5] MILLER G A. The magical number seven plus or minus two：some limits on our capacity for processing information [J]. Psychological review，1994，101（2）：343 - 352.

[6] SWELLER J. Cognitive load during problem solving：effects on learning [J]. Cognitive science，2010，12（2）：257 - 285.

[7] WATKINS M. Principles of persuasion [J]. Negotiation journal，2001，17（2）：115 - 137.

[8] 邵志芳. 认知心理学，理论、实验和应用 [M]. 上海：上海教育出版社，2006.

[9] HABIBZADEH F，YADOLLAHIE M. Are shorter article titles more attractive for citations? Cross - sectional study of 22 scientific journals [J]. Croatian medical journal，2010，51（2）：165 - 170.

[10] LOPEZ C，PRINCE V，ROCHE M. How can catchy titles be generated without loss of informativeness? [J]. Expert systems with applications，2014，41（4）：1051 - 1062.

[11] WU X，BOLIVAR A. The effect of title term suggestion on e - commerce sites [C] // Acm workshop on web information & data management. ACM，2008.

[12] 肖庚生，张再红. 英文科技论文标题多维度特征研究——以 SCI 百篇高被引论文为例 [J]. 中国科技期刊研究，2016，27（10）：1055 - 1060.

[13] 斐显生，肖庆元，强亦忠. 科技写作教程 [M]. 北京：高等教育出版社，2005：31.

［14］陈亮，曹嘉霖，陈忠．网民浏览帖子的影响因素及其心理感知过程研究［J］．情报杂志，2012，31（3）：29–35．

［15］LIBERMAN N，TROPE Y．Traversing psychological distance［J］．Trends in cognitive sciences，2014，18（7）：364–369．

［16］王丽平，张晗．跨组织网络的心理距离、共享心智模式与合作创新绩效——基于价值共创的调节作用［J］．华东经济管理，2017（11）．

［17］HAGGAN M．Research paper titles in literature，linguistics and science：dimensions of attraction［J］．Journal of pragmatics，2004，36（2）：293–317．

［18］WATKINS M．Principles of persuasion［J］．Negotiation journal，2001，17（2）：115–137．

［19］GREGG V H，MONTGOMERY D C，CASTAÑO D．Recall of common and uncommon words from pure and mixed lists［J］．Journal of verbal learning & verbal behavior，1980，19（2）：240–245．

［20］HEARST E．Psychology and nothing［J］．American scientist，1991，79（5）：432–443．

［21］GARNHAM A，OAKHILL J．Thinking and reasoning［J］．Thinking & reasoning，1994．

［22］PHILOSOPHICUS R．Art of rhetoric［J］．Philosophy & rhetoric，1968．

［23］MUDAMBI S M，SCHUFF D．What makes a helpful online review? A study of customer reviews on amazon.com［J］．Mis quarterly，2010，34（1）：185–200．

［24］FORMAN C，GHOSE A，WIESENFELD B．Examining the relationship between reviews and sales：the role of reviewer identity［J］．Information systems research，2006．

［25］乐国安，董颖红，陈浩，等．在线文本情感分析技术及应用［J］．心理科学进展，2013，21（10）：1711–1719．

［26］ANDREAS H．Data in pragmatic research［J］．Methods in Pragmatics，2018（10）．

第5章　创新源分散化下大学生创意投资价值研究

在创新源分散化发展趋势下,"人人都是创新者"已成为可能。特别是当代大学生团体,他们年轻、富有活力且正在接受系统的高等教育。在"大众创业,万众创新"的浪潮下,大学生已成为当前我国社会体现中一个重要的创新源。本章将以大学生创新创业大赛为例,探讨大学生创新源投资价值的影响因素。

5.1　大学生创新源的研究

关于大学生创新源的研究,主要集中于创业主体属性、创新精神以及创新创业资源整合等[1],以及大学生创新创业的影响因素、创业风险投资的体系等研究[2]。由于大学生更善于运用侧向和求异性的思维方法,使其更具探索发现问题的敏锐预见性,从而促进大学生"有所发现""有所发明""有所创造"[3],证实了大学生创新源的主要优势。大学生回归于高校,一流大学应具备的特征是拥有"强大的可持续创新力""优越的办学条件""强大的综合实力"[4],从而给予校内大学生坚实的创新源动力支持。近年来,各种层面的大学生创新创业大赛的纷纷举办更是为加快大学生创新源走向社会提供了良好的机会。然而在这些创新创业大赛中,也一样会存在信息超载等问题,如何快速有效地对这些创新创业项目进行筛选,找出有进一步投资价值的项目成为大家关注的焦点,然而目前这方面的研究极少，我们将结合之前对开放式创新社区创意价值研究的思路，从大学生创新源自身的特征出发，探讨大学生在创新创业大赛中提交的项目的投资价值影响因素。

5.2 基本概念界定

5.2.1 基于创新源信息特征的分析

根据心理语言学研究，在对文本进行阅读理解时，"简单即为最佳"，篇幅较长的文字理论信息通常需要较为复杂的框架进行支撑，不仅容易给阅读者造成阅读障碍，而且文字信息的感染力不高[5-7]。因此我们将创新项目文本方面编写的简明或复杂程度作为创新源的信息特征之一。

崔艳嫣和王同顺[8]将在语境中出现时学习者能够认识、理解其最基本词义却不能正确产出或使用的词汇定义为接受性词汇；而将学习者能正确发音，并能在口头和书面表达中自主运用的词汇定义为产出性词汇。龚兵[9]认为接受性词汇可简化表达为"听""读"词汇，而产出性词汇则可简化表达为"说""写"词汇。汪维辉[10]定义常用词为自古以来在人们日常生活中经常用到的、跟人类活动关系密切的词。因此我们认为创新项目文本部分对于汉语常用语的使用频率也能作为创新源的信息特征之一。

菲鲁热·依力哈木[11]曾提出词汇密度（lexical density）的概念，认为一段语句中实词的数量占总词数的百分比可以用以体现语句的明确性和实用性。对于实词概念的界定，从意义上看，杨贵雪和翟富生[12]指出汉语中实词可理解为名词和动词的总和；而高航[13]则从外国语言学的角度认为实词可包含名词、动词以及形容词三大词类。根据这些研究我们对实词一词的定义为：含有实际意义，并能单独充当句子成分的词语，并由此引入文本中实词密度作为创新项目的信息特征之一。

英洋（Yeung）和塞瓦略斯（Cevallos）[14]指出在文本中使用第一人称单数代词（如我、我的）表明以自我为中心，这与沮丧或不安等消极情感相关；第一人称复数代词（如我们、我们的）表明作者有群体或社群的意识，利用第一人称单（复）数代词的使用量来体现使用者的自我认同性和社群意识性，表达了其与他人互动且得到认同的渴望程度。由此，我们将创新项目文本中的自我认同程度也引作创新源的信息特征之一。

综上所述，基于大学生创新项目的信息文本特征，本书提出以下基本的概念界定。

（1）标题复杂度：指项目或文章标题文字的简明程度，它体现了项目或文章的作者对于文字写作的掌控能力。

（2）标题热度：指项目或文章的标题与当前流行的热词的相关程度，它体现了项目或文章的标题对于当下热门话题的关注程度和把握程度。

（3）标题可接受度：指项目或文章的标题被阅读者理解并接受的容易程度，因为涉及汉语常用词汇的使用情况，因此它同样体现了项目或文章的作者对于文字写作的掌控能力。

（4）内容词汇密度：指项目或文章的正文部分实词数量的出现频率，它实际上是体现了项目或文章的正文是否言而不实，是否具有实际意义。

（5）内容认同度：指项目或文章的正文部分对第一人称代词单/复数的使用频率，它能很好地体现出项目或文章的作者在写作情感上对于阅读者的求同性。

（6）内容可接受度：指项目或文章的正文部分能被阅读者理解并接受的容易程度，其意义与标题可接受度相似。

5.2.2 基于创新源提供者特征的分析

大学的发展往往与社会生产关系以及社会分工密切相关，由于社会中各行各业对人才和技术的需求不断更新，推动了大学的格局不断变化和发展。不同于西方国家随着工业化和现代化发展而建立的大学格局，我国大学的分工自初建起就与行业形成了初步联系，而随着近代高等教育的发展，我国的大学形成了由综合型大学和行业特色型大学构成的格局[15]。行业特色型大学的概念是指原先归属行业部委、在高教体制改革中划归教育部或地方管理的行业背景显著、学科特色突出、围绕行业需求的教学研究型大学，即"为特定行业培养高素质专门人才的大学或学院"[16]，而综合型大学则是指学科比较齐全、办学规模宏大、科研实力强劲的综合实力强大的高等学府。由此，我们将创新团队所属学校的类别引入创新源的提供者特征之一。

社会学习理论指出人类行为的形成可以通过直接经验或间接经验获得，许多社会行为学习都是通过对他人行为举止的观察，并加以思考判断后形成的，而大学生的创新行为大多数也来源于对身边的创新榜样进行模仿和学习[17]。拥有积极榜样作用以及成功获奖经验的高校环境更有利于大学生创新团队产出有价值的创新项目。因此，我们将参赛学校的提交作品积累数——参与积极度引入创新源的提供者特征之一。

对于企业R&D团队的整体创新水平而言，整合具有高异质性的研究人员，能进而有效促进个体的创新绩效，即异质性可以促使团队提出高质量的解决方案[18,19]。由此，我们将创新团队中成员的专业背景分布结构引入创新源的提供者特征之一。

综上所述，基于大学生创新源提供者特征的分析，本书对一些基本概念界定如下：

（1）学校类别：指创新团队所属的高校按照社会分工和格局的不同而划分的类别，它体现了创新团队在教育资源掌握程度上的区别。

（2）学校参与积极度：指创新团队所属的高校在创新活动中提交创新项目数量的情况，它体现了学校对创新活动的关注度以及参与积极度。

（3）专业背景结构：指创新团队中各成员的专业背景分布情况，它体现了一个创新团队所具备的专业知识是否全面且多样化。

5.3 研究假设

5.3.1 基于创新源的信息特征的假设

(1) 标题复杂度。大学生创新项目的标题一般是由一系列中、英、数字及标点字符组成的。认知心理学研究认为文本阅读是人类依靠脑中的原有知识，主动获取、加工、筛选和储存文本所提供信息的过程[20]。人脑在同一时间内能控制的工作是极其有限的，越复杂的字符信息，需要阅读者耗费越多的能量。因此和开放式创新社区类似，在首因效应下，简洁、明了的项目标题更容易吸引人们的关注。基于以上分析，本章提出如下假设：

H1：标题复杂度与创新项目投资价值呈负相关关系。

(2) 标题热度。随着我国互联网的普及，网络舆论热点层出不穷，其中热词作为一种词汇现象，它反映了某一特定的时空范围内人们普遍关注的问题及事物，反映了一个时期的热点话题和民生问题[21]。同理，在各类大学生互联网创新大赛中，每一届大赛的主题都会响应当下最流行、收受欢迎的热点话题，如国家新的政策方针、民生现象或网络热词等，这是投资者所关心的内容，往往项目标题对大赛主题以及当下热点的涉及程度越高，引起投资者关注的可能性就越大。因此，本章提出以下假设：

H2：标题热度与创新项目投资价值呈正相关关系。

(3) 标题可接受度。一个创新项目的标题可由一个或多个词汇组合，并根据表达者的语言逻辑排列而成。当投资者在线阅览创新项目信息时，最先投入眼中的项目标题是否能被投资者读懂并接受，取决于组成该项目标题的词汇可被接受的程度，而标题词汇可接受程度又取决于词汇是否归属于阅读者自身的储备词库，日常生活中常用的词汇往往更容易被阅读者接受和理解。创新团队为项目命名时若更多使用常用词汇且符合语言逻辑时，投资者则容易理解和接受。因此，本章提出以下假设：

H3：标题可接受度与创新项目投资价值呈正相关关系。

（4）内容词汇密度。对于投资者而言，大学生创新项目的内容简介是一个重要的信息来源，是除项目题目外方便投资者进一步了解项目实际内容的重要途径。从前面分析的词汇密度来看，一项创新项目简介中的实词比例越高，该简介越能反映项目的核心内容，从而更有利于投资者做出投资决策。因此，本章提出以下假设：

H4：内容词汇密度与创新项目投资价值呈正相关关系。

（5）内容认同度。在创新项目的正文中，当"我""我们"等第一人称单（复）数代词出现次数较多时，可以认为使用者在表达观点时情感状态较丰富。同理，从客观层面上分析，一个大学生创新团队在推行和介绍创新项目时，内容认同度——即使用第一人称代词的次数越高，如"我国""我市""我们团队"等，则越能体现其渴望拉近与投资者间的距离，并且渴望得到投资者的关注及认同的程度。因此，本章提出以下假设：

H5：内容认同度与创新项目投资价值呈正相关关系。

（6）内容可接受度。内容可接受度与标题可接受度的概念有相近之处，皆是由语句中现代汉语常用词汇的出现频率为标准来量化标题或内容的可接受度。与阅览项目标题一样，当投资者阅读项目的内容简介时，他们不仅需要考虑到简介撰写的专业性，更要顾及阅览和决策的高效性。当一个项目简介的内容如果因为太多的专业性词汇而导致艰涩难懂时，则会影响投资者最终做出的决策。因此，本章提出以下假设：

H6：内容可接受度与创新项目投资价值呈正相关关系。

5.3.2 基于创新源提供者特征的假设

（1）学校类别。在参加创新大赛的高校队伍中，对比综合型大学，行业特色型大学拥有行业特色鲜明的学科优势，以及行业对口的人才培养优势，其培养的大学生在创新项目的实用性方面更符合社会及行业的需求[22]。因此，本章假设：

H7：来自行业特色型大学的团队项目比来自综合型大学的团队项目更具有投资价值。

（2）学校参与积极度。在各类大学生创新大赛中，学校的参赛积极度越高，其提交的创新项目数量越多，意味着该校的创新教育及创新政策越完善，则其大学生创新项目从中获益也越大，从而具备投资价值的可能性也就相对越大。因此，本章假设：

H8：项目团队所属高校的参与积极度与创新项目投资价值呈正相关关系。

（3）专业背景结构。根据"团队的异质性可以促使团队提出高质量的解决方案"这一理论基础，我们认为对于创新团队中大学生成员的专业背景而言，高异质性——专业结构多样化的团队在创新活动中分工更合理，涉及专业领域更广，且打破固有逻辑思维而进行创新的可能性更高，进而对比专业结构单一化的团队，专业结构多样化更有利于学生团队提供具有投资价值的创新项目。基于以上分析，本章提出如下假设：

H9：专业背景多样化的团队项目比专业背景单一化的团队项目更具有投资价值。

5.4 模 型

5.4.1 模型框架

基于上述分析，笔者提出大学生创新源投资价值影响因素的模型框架如图5-1所示。同时，为了避免模型结果受假设以外的因素影响，我们从创新源信息特征和创新源提供者特征两个方面引入控制变量。考虑在创新源信息特征方面，创新项目的专利技术水平对于项目是否具有投资价值的影响存在一定的可能性；相同地，创新源提供者的高校背景——学校等级的高低在一定程度上也有影响创新项目投资价值的可能性，因此本研究分别在创新源信息特征和创新源提供者特征两个方面加入"专利技术水平"和"学校等级"因素，作为控制变量对模型加以补充。

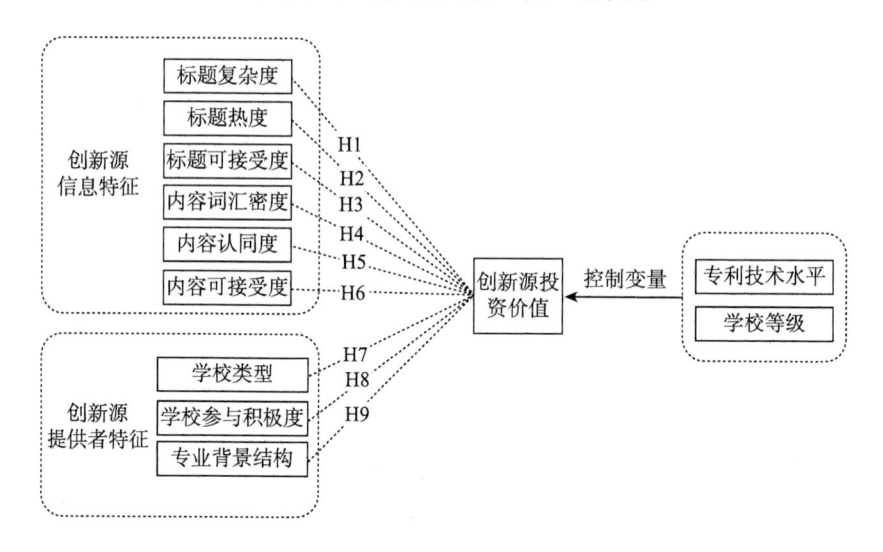

图 5-1　大学生创新源投资价值影响因素模型框架

5.4.2　数据收集

本书收集"全国大学生创业服务网"（http：//cy. ncss. org. cn/index. html）上所公布的第二届中国"互联网+"大学生创新创业大赛的报名及比赛数据作为研究数据样本。中国"互联网+"大学生创新创业大赛成立于 2015 年 5 月，由教育部、有关部委以及当届主办省人民政府合作负责举办。参赛选手分别以学校为名义、团队为形式进行报名参赛，学校按区域划分为东北、西北、华北、华中、华东、华南以及西南 7 个地区。其中东北地区包括辽、吉、黑 3 省，西北地区包括陕、甘、青、宁、新、藏和内蒙古 7 个省（自治区），华北地区包括京、津、冀 3 省（直辖市），华中地区包括赣、鲁、豫、鄂、晋 5 省，华东地区包括沪、苏、浙、皖 4 省（直辖市），华南地区包括湘、粤、桂、琼、滇、闽 6 省（自治区），西南地区包括黔、渝、川 3 省（直辖市）。

第二届中国"互联网+"大学生创新创业大赛的官网上公布的参赛项目总数累计达到近6.4万项。经过初步的数据整理后，我们得到有效的参赛数量共63890项，而其中显示为"已获投资"的项目数量为779项。参赛项目中，"互联网+"公共服务有19829项，"互联网+"公益创业4662项，"互联网+"信息技术服务有12409项，"互联网+"商务服务有15971项，"互联网+"现代农业有5377项，"互联网+"制造业则有5642项。

截至2015年12月1日的官网数据显示，进入报名阶段的参赛项目共有两种投资状态，即"已获投资"和"未获投资"。在我们获取的共63890项数据中，显示为"已获投资"的项目数量共有779项，占所收集数量总数的1.22%。

本书使用的数据总量共63890条，根据第二届中国"互联网+"大学生创新创业大赛的举办规模以及全国覆盖面，我们研究数据总体符合正态分布。在设定95%的置信区间后，可得到95%置信水平的Z统计量为1.96，以及误差界限d为±5%，根据随机抽样样本量的公式

$$n = \frac{Z^2 S^2}{d^2} = \frac{1.96^2 \times 0.5^2}{0.05^2} = 384.16 \qquad (5-1)$$

n为样本量，S为标准差。得出所抽取的样本总数应不少于385条。因此剔除了重复项和干扰项，以及一些抓取失误的数据后，并为了保证样本数据的模型验证更具有说服力，本书对"已获投资"和"未获投资"两种状态下的数据集分别进行近1∶1的随机抽取，最终进入研究的创新项目数量为400个。

5.4.3 变量测量

（1）被解释变量测量。大学生创新项目的投资价值是本研究模型中的因变量，它的取值依据大学生创新项目的获投资状态。如果网站显示状态为"已获投资"，则认为该创新项目对于企业投资者来说是具有投资价值的，此时量化该创新项目的投资价值，令其取值为1；反之，如果网站显

示状态为"未获投资",则认为该创新项目对企业投资者而言是暂时不具备投资价值或投资价值偏低的,经过统一量化令其投资价值取值为"0"。

(2) 解释变量测量。①标题复杂度。标题复杂度是属于创新源信息特征的一个解释变量,针对创新项目标题的字符长度,本研究通过 Excel 统计工具,得出此次大赛中所有参赛项目标题字符数的平均数 9.66,取近似整数值 10,认为在以整届大赛的项目为背景的前提下,标题字符数大于 10 的项目可定义为标题复杂度高的项目,赋值为 1,字符数小于 10 的项目则定义为标题复杂度低的项目,取值为 0。

②标题热度。标题热度是属于创新信息特征的一个解释变量,对于创新项目的项目标题,通过"词云工具"(Blue MC)对本届所有参赛项目标题里的全部字符进行分析提炼,从而得出最高频的关键词如图 5-2,其中频率最高的前十个关键词分别为:"互联网""平台""app""智能""基于""服务""有限公司""系统""校园""公司"。我们认为基于大数据统计的条件下,词频率越高的词汇与大赛主题越切合,进而越能体现当前大赛的热点。

图 5-2 标题高频词分布云图

因此,针对项目标题与高频词的关联度,本研究将标题中涉及排名前三的高频词的项目标题定义为高热度标题,即项目标题中出现"互联网""平台""App"的项目,给予其高热度标题的定义,并赋值为 1,其余的项目则赋值为"0"。

③标题可接受度。标题可接受度是属于创新信息特征的另一个解释变量,王晓慧(2010)[23]在研究初级汉语学习者对接受性词汇的掌握程度时,引用《风光汉语初级读写Ⅱ》中的生词表作为接受性词汇的参考资料来源。考虑本研究主要针对我国投资者对国内大学生创新项目标题的词汇接受度,由于阅览者以及标题提供者绝大多数均为以汉语为第一语言使用者,因此,本研究在判断标题可接受度时,参考《汉语水平词汇与汉字等级大纲》,以该教材中归类为汉语常用词共8822个词汇的甲、乙、丙、丁级词表作为接受性词汇参考标准,将标题中接受性词汇占总词汇数的比例定义为标题可接受度,并设定标题可接受度达到并超出60%的项目为标题可接受度高的项目,赋值为1,反之则为标题可接受度低的项目,赋值为0。

④内容词汇密度。内容词汇密度也是属于创新源信息特征的一个解释变量,针对创新项目简介,利用词云工具统计出排名前十的高频词语,取其具有实际意义的实词数所占总词数的百分比作为内容词汇密度。例如,在图5-3中,以某创新项目的简介为例,排名前十的高频词中,除去"以及"一词,因其属介词不具备实词意义,而其他的词语均可定义为实词,因此该项目简介的内容词汇密度为90%。本书认为若简介高频词中虚词所占比例超出20%,则该项目简介并非直指核心的高质量简介,因此本研究定义实词比例达到并超出80%的项目为内容词汇密度高的项目,取值为1,反之则为内容词汇密度低的项目,取值为0。

⑤内容认同度。内容认同度是属于创新源信息特征的一个解释变量,考虑项目简介的文本字数的限制,本研究定义项目简介中"我"或"我们"等第一人称代词的使用次数大于5的创新项目为内容认同度高的项目,并赋值为1,反之则定义为内容认同度低的项目,赋值为0。

⑥内容可接受度。此外,内容可接受度也是属于创新源信息特征的解释变量,与标题可接受度的常用词汇判断标准相同,以《汉语水平词汇与

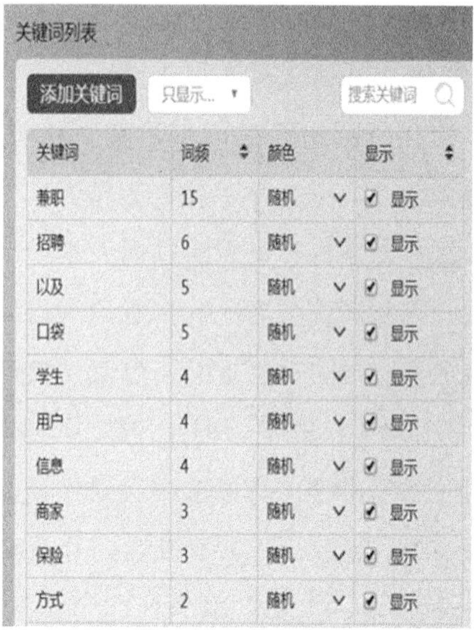

关键词列表

添加关键词　只显示...　搜索关键词

关键词	词频	颜色	显示
兼职	15	随机	显示
招聘	6	随机	显示
以及	5	随机	显示
口袋	5	随机	显示
学生	4	随机	显示
用户	4	随机	显示
信息	4	随机	显示
商家	3	随机	显示
保险	3	随机	显示
方式	2	随机	显示

图5-3　某项目简介高频词列表

汉字等级大纲》中归类为常用词的甲、乙、丙、丁级词表作为接受性词汇的参考标准，并针对创新项目简介，利用词云工具统计出排名前十的高频词语，取其中接受性词汇数所占总词汇数的百分比作为内容可接受度。考虑到该教材的编写较之今日已有时日，许多新词已为人们所接受却未出现在大纲教材中，且由于创新大赛的性质导致创新项目的内容简介必定会涉及许多新词，因此我们定义接受性词汇所占百分比达到或超过50%的创新项目为内容可接受度高的项目，取值为1，反之则定义为内容可接受度低的项目，取值为0。

⑦学校类别。学校类别是属于创新源提供者特征的一个解释变量，根据我国高校类别的分类标准，对参赛团队所属的高校类别进行划分，属于行业特色型大学的学校，学校类别取值为1，属于综合型大学的学校，学校类别取值为0。

⑧学校参与积极度。学校参与积极度是属于创新源提供者特征的另一个解释变量，由于各种大赛上参赛学校所递交的作品数参差不齐且呈现两

极分化的现象，为了便于数据的处理效率以及结果分布的直观性，本研究在数据处理过程中将学校参与大赛的项目数量进行开平方处理，从而使数据分布更紧凑直观，并取得均值8.8，进而定义参赛数量的开方数达到或超过8.8的学校为参与积极度高的学校，为之赋值为1，反之则定义为参与积极度低的学校，赋值为0。

⑨专业背景结构。专业背景结构也是属于创新源提供者信息特征的一个解释变量。由于大赛面向全国的高校大学生召开，参赛团队成员的专业背景结构也存在着多元化的形式，有类似纯理工类或纯文科类的团队专业结构，也有文理混合的专业构成，本研究参照"中国大学专业分类表"将参赛团队成员的专业背景结构进行笼统的划分，对于团队专业结构多样化——同时包含了文科和理工科等多类型专业的创新项目，其专业背景结构取值为1，而对于团队专业结构单一化，即成员专业密集度高、所属类别单一的创新项目，其专业背景结构取值为0。

(3) 控制变量测量。为规避某些未被考虑的因素对创新项目的投资价值产生影响，我们从创新源信息特征和创新源提供者特征两个层面分别加入控制变量，以完善本研究的论证。在创新源信息特征方面，专利技术水平表现了一个创新项目的核心信息技术水平，摒除了从传统意义上认定拥有专利的项目一定与获得投资相匹配，当一项创新项目拥有其自主的专利权时，该项目在创新领域以及未来扩大化生产运营方面都会更具有竞争实力，因而拥有专利的项目的专利技术水平取值为1，否则取值为0。在提供者特征方面，由"全国高校综合信息查询系统"（http：//gkcx.eol.cn/soudaxue/queryschool.html）对参赛团队所属的学校等级进行整理和归类，属于985、211和普通一本的学校，学校等级取值为1；属于二本和三本（即独立院校或民办院校）的学校，学校等级取值为2；而属于高职院校的学校，学校等级取值为3。

各变量的测量汇总见表5-1。

表 5 – 1 变量测量一览

变量名称	变量符号	取值
项目投资价值	PIValue	项目获得投资取值为 1，否则取值为 0
标题复杂度	PTComplexity	项目标题字数大于等于 10 取值为 1，否则取值为 0
标题热度	PTPopularity	项目标题包含热词的取值为 1，否则取值为 0
标题可接受度	PTAcceptability	项目标题可接受度大于等于 60% 取值为 1，小于 60% 取值为 0
内容词汇密度	PVDensity	项目简介实词密度大于等于 80% 取值为 1，小于 80% 取值为 0
内容认同度	PSIdentity	项目简介第一人称代词的使用次数大于等于 5 取值为 1，否则取值为 0
内容可接受度	PPAcceptability	项目简介内容可接受度大于等于 50% 取值为 1，小于 50% 取值为 0
学校类别	UCategory	属于行业特色型大学取值为 1，属于综合型大学取值为 0
学校参与积极度	UPActivity	学校参赛数量开方数大于等于 8.8 取值为 1，小于 8.8 取值为 0
专业背景结构	TPStructure	专业结构多样化取值为 1，否则取值为 0
专利技术水平	PSituation	拥有专利权取值为 1，否则取值为 0
学校等级	ULevel	属于"985、211、一本"取值为 1，属于"二本、三本"取值为 2，属于"高职院校"取值为 3

5.4.4 模型构建

由于研究的因变量为一个 0~1 的二分类变量，并不是常见的连续型变量。因此，与前面类似，我们采用二值 Logistic 回归模型。模型构建如下

$$\text{Logit} = \ln\left(\frac{p}{1-p}\right) = A + b_1 \text{PTComplexity}$$
$$+ b_2 \text{PTPopularity} + b_3 \text{PTAcceptability} + b_4 \text{PVDensity}$$
$$+ b_5 \text{PSIdentity} + b_6 \text{PPAcceptability} + b_7 \text{UCategory} \quad (5-2)$$
$$+ b_8 \text{UPActivity} + b_9 \text{TPStructure} + b_{10} \text{PSituation}$$
$$+ b_{11} \text{ULevel}(1) + b_{12} \text{ULevel}(2)$$

第5章 创新源分散化下大学生创意投资价值研究

可以推出

$$p = \frac{e^{a+b_1 \text{PTComplexity}+b_2 \text{PTPopularity}+\cdots+b_{12}\text{ULevel}(2)}}{1+e^{a+b_1 \text{PTComplexity}+b_2 \text{PTPopularity}+\cdots+b_{12}\text{ULevel}(2)}} \qquad (5-3)$$

其中 A 为常数项，它解释所有自变量都取 0 时，对数发生比的预测值。因为二元 Logistic 回归中分类型的自变量是不参与回归分析的，因此将这类解释变量都转化为模型的虚拟变量，并根据模型中的 m 个分类设立出 $m-1$ 个虚拟变量。所以，PTComplexity 表示以项目标题字数小于 10 的创新项目为参照类别的项目标题数大于或等于 10 的创新项目的虚拟变量；PTPopularity 表示以项目标题不包含热词的创新项目为参照类别的项目标题包含热词的创新项目的虚拟变量；PTAcceptability 表示以项目标题可接受度小于 60% 的创新项目为参照类别的项目标题可接受度大于或等于 60% 的创新项目的虚拟变量；PVDensity 表示以项目简介实词密度小于 80% 的创新项目为参照类别的项目简介诗词密度大于或等于 80% 的创新项目的虚拟变量；PSIdentity 表示以项目简介第一人称代词的使用次数小于 5 的创新项目为参照类别的项目简介第一人称代词的使用次数大于或等于 5 的创新项目的虚拟变量；PPAcceptability 表示以项目简介内容可接受度小于 50% 的创新项目为参照类别的项目简介内容可接受度大于或等于 50% 的创新项目的虚拟变量；UCategory 表示以属于综合型大学的团队项目为参照类别的属于行业特色型的大学的团队项目的虚拟变量；UPActivity 表示以学校参赛数量开方数小于 8.8 的团队项目为参照类别的学校参赛项目大于或等于 8.8 的团队项目的虚拟变量；TPStructure 表示以专业结构单一化的团队项目为参照类别的专业结构多样化的团队项目的虚拟自变量；PSituation 表示以未拥有专利权的创新项目为参照类别的拥有专利权的创新项目的虚拟自变量；ULevel（1）和 ULevel（2）各自表示为以属于"985、211、一本"的团队项目为参照类别的属于"二本、三本"的团队项目虚拟自变量和属于"高职院校"的团队项目虚拟自变量；b_1、b_2、$b_3\cdots b_{12}$ 分别表示这些虚拟自变量的回归系数，可以将它们理解为相对于模型中设定的参照类别，虚拟变量在因变量值上存在的差异。

5.5 研究结果

5.5.1 描述性统计

表 5-2 是关于因变量、解释变量以及控制变量的基本描述性统计，统计量包括样本总数、平均值、最小值、最大值、标准差、方差以及平均值标准误。

表 5-2 基本描述性统计

	统计量	计数	平均值	最小值	最大值	标准差	方差	平均值标准误
因变量	PIValue	400	0.500	0	1	0.501	0.251	0.025
解释变量	PTComplexity	400	0.550	0	1	0.489	0.248	0.025
	PTPopularity	400	0.233	0	1	0.423	0.179	0.021
	PTAcceptability	400	0.673	0	1	0.470	0.211	0.023
	PVDensity	400	0.858	0	1	0.350	0.122	0.018
	PSIdentity	400	0.073	0	1	0.260	0.067	0.013
	PPAcceptability	400	0.773	0	1	0.420	0.176	0.021
	UCategory	400	0.163	0	1	0.370	0.136	0.018
	UPActivity	400	0.460	0	1	0.500	0.249	0.025
	TPStructure	400	0.375	0	1	0.485	0.235	0.024
控制变量	PSituation	400	0.148	1	3	0.355	0.126	0.018
	ULevel	400	1.893	1	3	0.669	0.447	0.033

从表 5-2 中可以看出，本书所使用的样本数据分布正常，样本数据中不存在分布极端异常的数值，且数据间的量纲差距也均在可接受范围以内，因此此样本数据的总体质量较好。由被解释变量 PIValue 可以看出，在样本数据中有投资价值的创新项目数量和没有投资价值的创新项目数量均占 50.0%；根据解释标题热度，项目标题中含热词的创新项目比标题中不含热词的创新项目少很多；从内容认同度看出，项目简介第一人称代词

的使用次数达到或超过5次的创新项目不到8%；在高校参与积极度方面，有46%的高校参赛项目达到或超过8.8项；由专业背景结构可知，专业结构单一化的团队数量占了总数的62.5%；在专利技术水平方面，仅有14.8%的项目拥有专利权。

5.5.2 多重共线性检验结果

在常见的二元Logistic回归模型的建立过程中，由于数据选取的限制使模型设计不合理，导致模型中各解释变量中可能存在普遍的相关性，从而出现检验结果受影响的可能性。本研究为了排除解释变量中存在相关性的可能，引入样本的多重共线性检验结果，以证明本研究模型的设计合理性。表5-3是关于解释变量之间的多重共线性检验，包括容忍度、方差膨胀因子、特征根、条件指数以及变异构成。

从多重共线性检验结果中可以看出数值中不存在大量异常的值，其中容忍度（tolerance）和方差膨胀因子（VIF）为多重共线性诊断的两个参数，当某个自变量的容忍度小于0.1时，则可能存在共线性问题[24]。根据Marquardt提出的方差膨胀因子即容忍度的倒数的概念，认为VIF不应大于5，否则会存在多重共线性问题[25]。根据表5-3中tolerance和VIF两项参数数据可知，样本数据不存在明显的共线性问题。特征根（eigenvalue）和条件指数（condition index）是多重共线性诊断的两个基本参数，当某些维度的条件指数数值大于30时，则可能存在共线性，而通常情况下若多个维度的特征根约等于0时，也可能有比较严重的共线性。根据表5-3中该两个参数的数据可知，虽存在个别特征根的数值约等于0，但是总体检验结果稳定，可以认为该样本数据不存在明显的多重共线性，即该二元Logistic回归模型设计合理，排除解释变量间存在明显相关性的可能。

表 5-3 多重共线性检验

维数	1	2	3	4	5	6	7	8	9	10	11	12	Tolerance	VI
Eigenvalue	6.47	1.05	0.91	0.81	0.74	0.61	0.46	0.38	0.28	0.19	0.09	0.02	—	—
Condition Index	1.00	2.48	2.66	2.82	2.96	3.26	3.74	4.15	4.85	5.82	8.42	17.15	—	—
Constant	0.00	0.00	0.00	0.00	0.00	0.00	0.00	0.00	0.00	0.00	0.01	0.98	—	—
PTComplexity	0.01	0.00	0.01	0.00	0.02	0.01	0.10	0.80	0.00	0.01	0.00	0.04	0.93	1.07
PTPopularity	0.00	0.00	0.19	0.12	0.39	0.07	0.00	0.12	0.06	0.02	0.00	0.01	0.92	1.08
PTAcceptability	0.01	0.00	0.00	0.00	0.02	0.03	0.00	0.01	0.79	0.09	0.03	0.02	0.95	1.05
PVDensity	0.00	0.00	0.00	0.00	0.00	0.00	0.00	0.01	0.00	0.39	0.32	0.27	0.93	1.07
PSIdentity	0.00	0.48	0.11	0.09	0.06	0.22	0.01	0.00	0.03	0.00	0.00	0.00	0.95	1.06
PPAcceptability	0.00	0.00	0.00	0.00	0.02	0.00	0.01	0.02	0.12	0.32	0.45	0.05	0.84	1.19
UCategory	0.00	0.17	0.26	0.01	0.04	0.12	0.09	0.01	0.00	0.02	0.07	0.21	0.72	1.39
UPActivity	0.01	0.00	0.00	0.04	0.08	0.16	0.47	0.11	0.00	0.00	0.01	0.12	0.91	1.10
TPStructure	0.01	0.00	0.04	0.03	0.14	0.22	0.35	0.00	0.06	0.09	0.00	0.05	0.87	1.15
PSituation	0.00	0.09	0.12	0.65	0.00	0.04	0.00	0.00	0.00	0.00	0.00	0.00	0.98	1.02
ULevel	0.00	0.00	0.00	0.00	0.00	0.00	0.00	0.01	0.01	0.00	0.38	0.59	0.63	1.58

5.5.3 模型检验结果

通过统计软件对数据集进行二元 Logit 回归检验，结果见表 5-4。模型一中有且只含有控制变量，模型二中有且只含有解释变量，模型三中则包含了控制变量和解释变量在内全部的自变量。由表 5-4 中的卡方检验量——LR chi2 及 Prob > chi2 两个检验结果看出，三个模型中的似然卡方统计量所对应的 p 值均接近于 0，且均小于显著性水平 0.01，因此拒绝原假设。这说明了三个模型的线性关系均显著。检验值 Nagelkerke R^2 表示自变量解释了因变量的变异占因变量的总变异的比例，即方程对因变量变差解释程度的反应，它的值在模型一、模型二、模型三中分别为 23.2%、60.1% 和 63.9%，者说明了该模型的拟合效果较好。检验值 Correctly classified 表示对模型预测的正确率大小，它的值在模型一、模型二、模型三中分别为 68.8%、81.0% 和 82.3%，即较模型一而言，模型二和模型三的正确率均有所提高，也说明模型的预测效果较好。

表 5-4 回归分析结果

变量符号	模型一 仅包含控制变量		模型二 仅包含解释变量		模型三 包含所有自变量	
	B	Exp(B)	B	Exp(B)	B	Exp(B)
PTComplexity	—	—	0.059	1.061	-0.065	0.937
	—	—	(0.838)	—	(0.831)	—
PTPopularity	—	—	-0.490	0.613	-0.607	0.545
	—	—	(0.161)	—	(0.108)	—
PTAcceptability	—	—	0.720*	2.054	0.805*	2.236
	—	—	(0.019)	—	(0.014)	—
PVDensity	—	—	4.172**	64.816	4.077**	58.992
	—	—	(0.000)	—	(0.000)	—
PSIdentity	—	—	-0.137	0.872	-0.076	0.927
	—	—	(0.781)	—	(0.884)	—
PPAcceptability	—	—	-3.627**	0.027	-3.339**	0.035
	—	—	(0.000)	—	(0.000)	—

续表

变量符号	模型一 仅包含控制变量		模型二 仅包含解释变量		模型三 包含所有自变量	
	B	Exp(B)	B	Exp(B)	B	Exp(B)
UCategory	—	—	1.778**	5.917	0.324	1.383
	—	—	(0.001)	—	(0.564)	—
UPActivity	—	—	−0.677*	0.508	−0.911**	0.402
	—	—	(0.017)	—	(0.004)	—
TPStructure	—	—	1.511**	4.532	1.401**	4.059
	—	—	(0.000)	—	(0.000)	—
PSituation	0.422	1.525	—	—	0.182	1.200
	(0.174)	—	—	—	(0.66)	—
ULevel (1)	−2.084**	0.124	—	—	−1.928**	0.145
	(0.000)	—	—	—	(0.000)	—
ULevel (2)	−2.327**	0.098	—	—	−2.241**	0.106
	(0.000)	—	—	—	(0.000)	—
Constant	1.543**	4.677	−1.632	0.196	0.064	1.067
	(0.000)	—	(0.197)	—	(0.961)	—
N	400	—	400	—	400	—
LR chi^2	477.879		314.870		293.443	
Prob > chi^2	0.000		0.000		0.000	
Nagelkerke R^2	23.2%	—	60.1%	—	63.9%	—
Correctly classified	68.8%	—	81.0%	—	82.3%	—

**表示 $p<0.01$，*的表示 $p<0.05$。N 为样本量。

5.5.4 参数估计结果

表 5-4 中的 B 值表示来自自变量回归系数中的参数估计；而 Exp(B) 则可理解为相应变量的发生概率，它表示在保证其他参数的条件都维持不变的情况下，该自变量每改变一个单位的值，事件结果的发生比的变化率。该模型分别由创新源信息特征、创新源提供者特征以及控制变量三个方面对二元 Logistic 回归模型的参数估计的结果进行分析探讨。

在创新源信息特征方面,内容词汇密度和内容可接受度在模型二和模型三中均有小于1%的置信水平,因此统计检验显著。分析模型三,在保证其他自变量维持不变的条件下,项目简介词汇密度达到或超过80%的创新项目被投资的发生比是项目简介词汇密度未达到80%的创新项目的58.992倍,说明内容词汇密度与创新项目投资价值有显著的正相关关系;项目简介内容可接受度大于或等于50%的创新项目被投资的发生比是内容可接受度小于50%的创新项目的0.035倍,说明内容可接受度与创新项目投资价值呈显著负相关关系,项目简介中常用词汇出现率越高,项目被投资的可能性越低。标题可接受度在模型二和模型三中同为在5%的置信水平统计显著,在此以模型三举例,标题可接受度大于或等于60%的创新项目被投资的发生比是项目可接受度小于69%的创新项目的2.236倍,说明标题可接受度与大学生创新项目投资价值呈较为显著的正向关系。对于标题复杂度、标题热度和内容认同度这三个解释变量,其估计系数在模型二和模型三中均没有通过显著性检验,且显著性均分别高达83.1%、10.8%和88.4%,这说明项目标题字数是否大于10、项目标题是否含热词及项目简介第一人称代词的使用次数是否大于5对创新项目投资价值并没有显著影响。因此,实证结果支持假设H3、假设H4和假设H6,不支持假设H1、假设H2假设和假设H5。

在创新源提供者的特征方面,学校参与积极度和专业背景结构在模型二和模型三中的估计系数 p 值均小于显著性水平1%,即它们的检验结果均显示为统计显著。以加入所有变量的模型三为例,在控制其他自变量的条件下,学校参赛数量开方数大于或等于8.8的团队项目被投资的发生比是学校参赛数量开方数小于8.8的团队项目被投资的发生比的0.402倍,说明学校参与积极度与创新项目投资价值有显著的负向相关关系,学校参赛数量开方数小于8.8的团队项目比学校参赛数量开方数大于或等于8.8的团队项目更具有投资价值;专业背景结构多样化的团队项目被投资的发生比是专业背景结构单一化的团队项目被投资的发生比的4.059倍,说明专业背景结构与创新项目投资价值有显著的正向相关关系，专业背景结构多样化的团队项目比专业背景结构单一化的团队项目更具有投资价值。学校类别地域发展水平在模型二和模型三中分别为在1%的置信水平统计显著以及不显著，如分析模型三，学校类别没有通过显著性检验，说明属于行业特型大学或综合型大学对创新项目投资价值没有明显影响。因此，实证结果支持假设H8、假设H9，而不支持假设H7。

在控制变量方面，由模型一和模型三可知，只有学校等级在统计上显著。在控制其他自变量的条件下，高校等级与项目投资价值显著负相关，表示相较于"985、211"和一本的学校，每增加一个单位的二本或三本的学校，项目被投资的发生比会减少0.145倍，而每增加一个单位的高职院校，项目被投资的发生比会减少0.106倍，说明学校等级越高的团队项目较等级低的团队项目更具有投资价值。而专利技术水平在模型一和模型三中基本全未通过显著性检验，且显著性均高达66%，这说明创新项目是否拥有专利权对创新项目投资价值并没有显著影响。

5.6 研究结论与管理启示

5.6.1 研究结论

创新源是近年来比较热门的研究方向，但目前已有的研究大多集中在创新源分类、创新源对创新绩效的影响等，并仍处于概念界定和理论探索阶段。在创新源呈现分散化趋势的今天，我国企业获得创新源的途径由来源于企业内部创新源提供者发展至外部创新源提供者，更多的企业也越发开始重视我国大学生的创新研发实力。本研究以第二届中国"互联网+"大学生创新创业大赛为案例，利用二值Logistic回归模型，探究影响大学生创新源投资价值的因素。研究得到的主要结论如下：

（1）创新源信息特征和创新源提供者特征均会对大学生创新项目投资

价值产生重要影响，但其中各因素的影响显著程度及其作用方向均存在差异。

（2）在创新源信息特征方面：标题可接受度高的创新项目比标题可接受度低的创新项目更有投资价值；内容词汇密度越高，其创新项目更可能具有投资价值；内容可接受度与创新项目投资价值呈显著负相关关系；标题复杂度、标题热度和内容认同度的高低对创新项目投资价值的影响没有显著差异。

（3）在提供者特征方面：学校参与积极度低的团队项目比学校参与积极度高的团队项目更具有创新投资价值；专业背景结构多样化的团队项目比专业背景结构单一化的团队项目更有投资价值；学校的不同类别对于项目投资价值的影响没有显著差异。

5.6.2 管理启示

根据本研究结果，我们提出以下管理启示：

（1）在标题和内容简介的撰写方面，参赛团队要在有限的词汇中挑选出精准且易被读懂的词进行排列组合从而构成项目标题，若标题词汇过于艰涩难懂，则很难对该创新项目的内容进行准确描述，不利于投资人做出投资决策；同时，要积极关注时下创新热点，及时更新自己的创新词汇掌握量，并且切勿盲目追求简介字数的多少而忽略简介内容的真实性，表明口语化和空洞的表述，尽量突出项目的创新闪光点，以便能更好吸引投资者的关注。

（2）"互联网+"大赛广泛吸收的是专业多样化的创新项目，而对于团队专业结构也是同理，结构越多样化，团队所包含的人才方向越丰富，从而能提供的创新项目也会相应更具竞争力，因此对于参赛队伍或预参赛的队伍而言，在需求条件下尽可能的召集多样化专业的人才进行组建团队，有利于团队萌发创新思想，创造更具投资价值的项目。

（3）"互联网+"大赛可以对参赛团队所属学校的等级设置一个填写

专项，让参赛团队报名时自行完成对学校等级分类的填写任务，同时也能给寻找创新项目的投资人一个直观的参考，如当企业寻求高科技技术类型的创新项目时可着重考虑拥有成熟孵化平台的985、211等学校，当企业寻求应用实践性较强的创新项目时则可着重考虑以实践教育为主的高职院校等学校。

当然，本研究也存在一定的不足，如本研究主要是基于中国"互联网+"大学生创新创业大赛做研究，而大学生创新项目也只是大学生创新源信息类型中的一种，未来研究中可以探讨更多类型的大学生创新源的特征及其价值影响因素。

参考文献

[1] 张钢. 企业技术创新的动力源与信息源 [J]. 科研管理, 1998 (4): 27-31.

[2] HIPPLEV E. The sources of innovation [M]. New York: Oxford University Press, 1988.

[3] OECD. Oslo Manual: Guidelines for Collecting and Interpre-ting Innovation Data [R/OL]. (2005-05-15) [2020-09-15]. http://www.sourceoecd.org/scienceIT/9264013083.

[4] LAURSEN K., SALTER A. Open for innovation: the role of openness in explaining innovation performance among UK manufacturing firms [J]. Strategic management journal, 2006, 27 (2): 131-150.

[5] 王艳滨, 李佳音. 《心理语言学导论》述介 [J]. 中国外语, 2015, 12 (2): 108-111.

[6] LOWREY T M. The effects of syntactic complexity on advertising persuasiveness [J]. Journal of consumer psychology, 1998, 7 (2): 187-206.

[7] ANDERSON R C, DAVISON A. Conceptual and empirical bases of readability formulas [M] // DAVISON A, GREEN G M. Linguistic complexity and text comprehension: readability issues reconsidered. Hillsdale: Lawrence Erlbaum Associates, 1988.

[8] 崔艳嫣, 王同顺. 接受性词汇量、产出性词汇量与词汇深度知识的发展路径及其相关性研究 [J]. 现代外语, 2006 (4): 392-400, 437.

[9] 龚兵. 主动词汇与产出性词汇——被动词汇与接受性词汇的异同 [J]. 深圳职业技术学院学报, 2007 (2): 54-59, 73.

第 5 章　创新源分散化下大学生创意投资价值研究

[10] 汪维辉. 汉语常用词演变研究的若干问题 [J]. 南开语言学刊, 2007 (1): 88 - 94, 166.

[11] 菲鲁热·依力哈木. 激活扩散模型对高中生英语作文中产出性词汇丰富性水平的影响研究 [D]. 乌鲁木齐: 新疆师范大学, 2016.

[12] 杨贵雪, 翟富生. 现代汉语教程 [M]. 北京: 国防工业出版社, 2009.

[13] 高航. 语言类型学中的词类问题 [J]. 外国语言文学, 2003 (1): 3 - 8.

[14] YEUNG D, CEVALLOS A S. 中文社交媒体上对地方和中央政府的态度 [R]. 加州圣莫尼卡: 兰德公司, 2016.

[15] 闫俊凤. 我国行业特色高校发展战略研究 [D]. 北京: 中国矿业大学, 2014.

[16] 张文晋, 张彦通. 当前行业特色型大学发展面临的问题及对策 [J]. 北京航空航天大学学报 (社会科学版), 2011 (1): 103 - 106.

[17] 王红玲, 郑纲, 王志波. 基于班杜拉社会学习理论的大学生创新教育的研究 [J]. 电脑知识与技术, 2015, 11 (6): 135 - 136.

[18] 胡蕾, 郭亚军, 易平涛. 高新技术企业 R&D 人员动态绩效评价方法及应用 [J]. 技术经济, 2009, 28 (6): 18 - 21.

[19] SHIN S J, KIM T Y, LEE J Y, et al. Cognitive team diversity and individual team member creativity: a cross - level interaction [J]. Academy of management journal, 2012, 55 (1): 197 - 212.

[20] 彭聃龄. 阅读的认知心理学研究 [J]. 北京师范大学学报, 1989 (5): 75 - 84, 51.

[21] 李渝勤, 孙丽华. 面向互联网舆情的热词分析技术 [J]. 中文信息学报, 2011, 25 (1): 48 - 53, 59.

[22] 闫俊凤. 我国行业特色高校发展战略研究 [D]. 北京: 中国矿业大学, 2014.

[23] 王晓慧. 对初级阶段留学生汉语综合课教学的思考 [J]. 语文学刊, 2010 (23).

[24] 陈希孺. 广义线性模型 (一) [J]. 数理统计与管理, 2002 (5): 54 - 61.

[25] 张宇山. 多元线性回归分析的实例研究 [J]. 科技信息, 2009 (9): 54 - 56.

第6章 创新源分散化下企业知识搜索方式研究

随着创新源分散化发展,企业对外部知识的搜索越来越重要。企业如何高效地搜索这些越来越分散化发展的创新源是本章关注的焦点。基于创新扩散等理论,探讨创新源分散化发展趋势下,企业不同的知识搜索方式对专利产出的影响,以分析不同知识搜索方式对创新绩效的影响机制。

6.1 理论及假设

6.1.1 创新源分散化对专利产出的影响

随着开放式创新的发展,创新源不仅包括企业内部人员提供的创新源,也包括企业外部创新源[1]。创新源分散化的趋势代表了企业可以利用的创新资源增加,以及可以选择进行合作研发、技术开发的伙伴的数量增大。现有文献对创新源的概念、成因以及功能等进行了探索[2],研究指出越来越多的主体,包括用户、供应商、竞争对手、员工等都可能成为创新源,为企业所利用[3]。也有学者研究了创新源对专利产出的影响,如韦铁和鲁若愚通过构建基于企业、供应商、顾客这一多主体参与的模型,证明了企业在进行创新活动中,创新源数量增加会对企业的专利产出有着正向促进的作用[4]。侯建和陈恒以高新技术产业为例,证明了外部知识源数量的增多会正向促进企业专利的产出[5]。同时,由于企业可选择的创新资源增多,市场竞争性增强,企业进行合作对象选择的边际成本变小,企业更

容易通过更低成本的方式来选取合作对象,从而增强研发的力量,促进专利的产出。基于此,本章提出以下假设:

H1:创新源分散化促进企业的专利产出。

6.1.2 创新源分散化对知识搜索的影响因素分析

创新源分散化演变的过程,为企业进行知识搜索提供了一个好的契机,企业可以搜索的平台或对象越来越多,创新源分散化程度越高,企业能接触到更多来自不同领域的知识。外部知识越丰富,表明企业可以利用的想法和外部创新资源也更加丰富[6],而这些创新知识和想法分布于搜索渠道中,企业可以通过搜索的方式搜寻这些创新知识和想法,从而增大知识搜索宽度。由于创新扩散的作用影响,创新资源或知识总由相对高知识的拥有者向相对低知识拥有者溢出的过程,创新源分散化的发展导致创新扩散速率加快,企业更容易通过较低的搜索成本来获取更优质的知识,因此这种情况下企业拓宽搜索宽度,在分散化的大环境下进行广泛的知识搜索,从而获取能为企业带有竞争优势的知识源。

在创新源分散化趋势条件下,知识供应者数量多、类别广,包括研究院所、大众用户等,但大多数提供者往往对知识的研究程度并一定很深入,这种情况下企业往往一味地专注于从更多的领域搜索创新源时,获取广泛的创新信息,可能会忽视了与某一特定主体的合作关系,所以对知识搜索深度可能有负向作用。但对知识搜索深度的负向影响程度较小,因而创新源分散化也会促进企业的知识搜索联合维度。基于此,本章提出以下假设:

H2:创新源分散化对企业知识搜索宽度呈现正向影响作用。

H2a:创新源分散化对企业知识搜索深度呈现负向影响作用。

H2b:创新源分散化对企业知识搜索联合维度呈现正向影响作用。

6.1.3 知识搜索对专利产出影响因素分析

知识搜索是企业为获取有用知识超出企业边界去搜寻、获取、整合利用知识或创意的整个过程[7,8]。我们将对知识搜索宽度、深度及知识搜索联合维度与专利产出的关系进行如下分析。

(1) 知识搜索宽度对专利产出的影响分析。首先,企业特别是中小型的企业很难拥有创新所需的所有知识和资源,通过知识搜索的方式可以获取有用的知识和资源,有效地降低企业的研发成本,这能使企业更加专注于某一个特定领域的研发,提升企业的竞争实力[9]。贝克(Becker)和迪茨(Dietz)指出,企业在创新活动进程中需要在一般创新知识和特殊创新知识两种创新知识中进行投资:其中一般创新知识并非企业所特有,是整个企业共享的,包括通用技术或科学规范等;而特殊创新知识指企业特有的技术诀窍或要领[10]。企业进行知识搜索能够以更低的成本获取这些一般创新知识,能够将企业的研发精力充分运用到技术诀窍的研发中,为企业带来收益,提升专利产出的数量和质量。因此,企业需要与不同类型、不同领域的企业进行合作,与外部各类企业建立起合作关系,从而获取创新活动各个环节所需的互补性信息和知识。

其次,通过与行业内外不同的创新源进行合作,拓宽知识搜索宽度,能够为企业带来更多样化的知识,这些来自不同企业的异质性的知识能够增加知识重组的可能性[11]。知识搜索宽度的增加,使企业能够与包括用户、供应商、竞争对手等创新源的充分接触,了解到这些创新源的主体的需求的创意特征,为企业带来更多新的创新资源或技术特征,从而提升企业的专利产出。

最后,尽管企业知识搜索宽度的增加能够提升企业的专利产出,但另一方面知识搜索宽度的增加也会增加企业的搜索成本,一些中小型企业无法充分吸收知识搜索为企业带来的创新资源[12]。因此,对于很多企业来说,当知识搜索宽度过量时,"过度搜索"所增加的成本及远远大于知识搜索为企业带来的收益,这时企业无法消化搜索到的创新资源,反而会负向影响企业的专利产出。基于此,本章提出以下假设:

H3:知识搜索宽度与专利产出呈现倒"U"型关系。

(2) 知识搜索深度对专利产出的影响分析。深度知识搜索代表着企业对某一知识源进行长久的合作及深度的挖掘，是一种很有针对性的搜索方式。一方面，这种搜索方式具有很高的针对性和可靠性，能够根据企业自身的知识需求找寻可靠的对象，挖掘企业所需知识，帮助企业发现其他经验不够的企业无法发现的潜在价值[13]。这种搜索方式既能深化企业对于特定领域知识的认识和理解，也便于企业对于知识搜索的路径进行独特的记忆并留下痕迹，能够为搜索总结有用的路径和规律，提升知识搜索的效率。另外，对于某个技术领域的充分深入，能够使企业对该技术领域的流程和规范更加清晰，能够有效地规避该领域的无用知识，充分挖掘有用知识，并将该知识运用于新产品、新工艺的研发过程中，从而为企业的专利产出提供充足的动力[14]。

但另一方面，当知识搜索深度到达某一临界值，再超出这一临界点时，重复冗余的外界知识，会使企业形成技术轨道，陷入能力刚性[13]。另外，根据创新扩散理论，可知任何的知识和路线都存在着固有的极限值，当对于某一知识或路线进行不断地搜索时，一旦触及极限值，知识搜索、知识挖掘等行为的边际效应将发生递减[15,16]。过度的知识深度搜索往往是对于类似的知识或创新资源进行重复的利用和搜索，这将逐渐导致企业在深度知识搜索的过程中汲取到的创新增量逐步递减，从而负向影响企业的专利产出。基于此，本章提出以下假设：

H3a：知识搜索深度与专利产出呈现倒"U"型关系。

(3) 知识搜索联合维度与专利产出的关系。另外，本研究还考虑知识搜索宽度和深度的联合维度在创新源分散化与专利产出作用之间的中介作用，联合维度指的是企业在同时进行知识搜索宽度，以及知识搜索深度这两种活动时的联合状态[17]，企业只单一地关注宽度或是深度中的某一种创新活动都较难促进企业的专利产出，只关注知识搜索宽度会导致企业只是搜索到琐碎的知识，而缺乏对于某一具体领域的深入研究[18]；而只关注知识搜索深度，企业由于局限于某一领域的搜索，无法形成对外部市场敏锐的洞察力,对于创新机会难以把握[19]。而根据组织双元平衡的理论观点,在创新活动中,知识搜索宽度与知识搜索深度实质上是辩证的关系,将两者运用"对立统一"管理智慧进行有机的结合有利于企业自身搜索效率和搜索创造性的有利发挥[16]。考虑知识搜索的联合维度能将知识搜索深度与知识搜索宽度进行有机的结合,在保证搜索对象多样化的前提下,还保证了某一特定领域的搜索效率的提升,因此本研究认为知识搜索联合维度能有效避免过度宽度搜索的高昂成本和过度深度搜索的能力刚性,有效地增强企业的创新能力,促进企业专利产出。基于此,本章提出以下假设:

H3b:知识搜索联合维度正向促进企业的专利产出。

6.1.4 知识搜索的中介效应分析

前文已对知识搜索与专利产出的关系、创新源分散化与知识搜索的关系、创新源分散化与专利产出的关系进行了初步的假设模型构建。在创新源分散化程度—知识搜索—专利产出这样的研究路径的情况下,知识搜索作为整个过程中的中间变量,受到创新源分散化的影响作用,又对专利产出产生了影响,那么知识搜索是否在创新源分散化对专利产出产生影响的过程中起到了中介作用,本书将进一步研究知识搜索的中介作用。下文将分别对知识搜索宽度、知识搜索深度和知识搜索联合维度的中介作用做出理论假设。

(1)知识搜索宽度的中介作用。创新源分散化发展,为企业的知识搜索宽度提供了一个好的契机,创新源分散化程度越高,外部知识越丰富,企业可以搜索的创新源也就越丰富[6]。演化经济学中的"多样化选择效应理论"表明,可选择对象的丰富性,能带来更多与不同对象进行合作学习的机会[17]。根据该理论,创新源分散化发展时,企业可搜索到的对象或知识呈现多样化的趋势,企业为了获取丰富的知识,拓宽知识搜索通过不同的搜索对象去获取更多有价值的知识。同时,对这些多样化的知识进行搜索使企业异质性知识存量增加,促进了企业利用多样化的知识进行学习吸收再利用，增加企业重新探索新知识的可能性，提升学习效率，最终促进企业的专利产出的提升[20]。

基于此，本章提出以下假设：

H4：知识搜索宽度在创新源分散化与专利产出的关系作用在起中介作用。

（2）知识搜索深度的中介作用。在创新源呈现分散化趋势的情况下，企业可以选择的搜索对象发生变多，企业在知识搜索过程中拥有了更多的选择性，从而促使企业拓宽知识搜索宽度与更多不同类型的对象对接，以方便知识的扩散和转移。与此同时，当在创新源分散化情况下，扩展知识搜索深度时，外部知识源增加，如果企业专注于某一特定企业进行合作，将导致技术轨道的产生，使企业研发无法充分受益于创新源分散化的背景优势，反而不利于专利产出的进行。与此同时，深度化的知识搜索代表企业需要花费更大的精力专注于特定领域，当在这一特定领域进行过度搜索时，随着知识搜索的增大，企业的专利产出也随之增大；而在这程度之后，如果知识搜索深度继续增大，企业的专利产出反而减小[7,17]。这也代表着知识搜索深度在创新源分散化与专利产出作用关系之间的不确定性。基于此，本章提出以下假设：

H4a：知识搜索深度在创新源分散化与专利产出的关系作用未起中介作用。

（3）知识搜索宽度与知识搜索深度联合维度的中介作用。在创新源分散化的条件下，同时兼顾好知识搜索宽度和知识搜索深度之间的联合关系，而不是只关注于某一方面，可以规避企业在进行某一种知识搜索方式的过度搜索时带来的弊端，因此将知识搜索宽度与知识搜索深度联合起来可以激发企业的创新能力。

同时，创新源分散化作为外界变量，对于不同企业专利产出的影响也随着知识搜索方式的不同存在差异，当创新源分散化趋势扩大导致创新扩散时，优质的创新资源向外界溢出[21]。这时企业利用好知识搜索的便利性，充分协调知识搜索深度与知识搜索宽度之间的关系，在进行合理的多样化搜索的同时，也注意与特定领域的知识源进行有效的合作，增加搜索的有效性和效率性[16]。因此，知识搜索联合维度的变化会影响创新源分散化与专利产出的相关关系。基于此，本章提出以下假设：

H4b：知识搜索深度与知识搜索宽度的联合维度在创新源分散化对专利产出的关系作用中起到了中介作用。

6.1.5　企业特性的调节作用

（1）技术多样性对创新源分散化的调节作用。不同类型的企业在创新源分散化的大环境下专利产出的提升机制存在差异，关键在于企业是否能够吸收这些来源越发分散化的创新资源。企业技术的多样化代表企业知识异质性的大小，是企业在经营业务过程中涉及的技术知识层面的广度，通常将在三个技术领域都有专利申请的企业成为"多技术产业"[22]。

技术多样性不同的企业，需要搜索的知识具有差异性。技术多样性较低的企业，由于企业自身关注的技术领域相对较窄，对于创新源分散化的感知能力较差，企业更习惯与某一创新主体建立长久的合作关系以增强信任感，降低知识搜索成本。而技术多样性较高的企业，涉及的知识分布于各个行业及领域，对于不同类型创新源的获取需求较大，因而对于创新源的分散化有更高的感知能力，能迅速适应创新源分散化的趋势，为企业创新找寻更多的机会，从而促进企业的专利产出[23]。

基于此，本章提出以下假设：

H5：企业技术多样性对创新源分散化与专利产出的关系之间有正向调节作用。

（2）企业规模的调节作用。企业规模是企业类型划分中的一个重要指标，大型企业和中小型企业之间对于外界环境变化的判断力，以及感知力存在较大的差异性。规模不同的企业，技术创新模式以及创新效率都有所不同[24]。

而专利产出是企业进行专利研发或合作的成果,企业在进行专利的研发或知识合作时,需要考虑搜索成本、创新搜索效率等问题,因而尽量精准搜索的方向,但仍存在因搜索失败所背负的代价。企业规模的大小决定了企业承担知识搜索风险能力的大小,规模较大型企业有更强的承受风险的能力,对于知识搜索可能造成的失败具有更强的抵抗力,因此更能适应创新源分散化程度,在创新源分散化条件下,进一步扩大知识搜索联合维度,从而促进企业的专利产出。再者,相对于中小型企业而言,大型企业对于外界信息的获取能力更强,能够更快地感知外界环境的变化,当创新源发生分散化的变化时,能够更快地吸收外界资源,利用好知识扩散为企业带来创新收益。

最后,企业的规模越大代表着企业经营的业务越广,企业往往涉足多个领域,而创新源分散化的变化为企业与不同类型对象(包括普通用户、供应商、竞争对手、合作商)进行合作提供了机会。大型企业在这种情况下,能够了解不同类型企业的市场资源、技术范式、用户创意等,与不同类型对象合作学习到的知识运用到企业的创新研发中,提升研发的有效性,从而提升专利产出的数量和质量。基于此,本章提出以下假设:

H5a:企业规模对创新源分散化与知识搜索的关系之间有正向调节作用。

6.2 实证研究

6.2.1 样本与数据

本研究数据选取参考学者罗格比尔(Rogbeer)等利用专利的数据来衡量相关数据[25],采用这种衡量方式,一是因为专利的数据具有公开性和客观性,是企业创新活动的重要公开形式,二是专利申请行为可以是合作申请,也可以是单独申请,通过专利申请行为的查询,分析出不同企业的知识搜索状况。同时，在选取专利数据时，由于我国的专利审查制度具有时滞性，近两年的专利申请量无法在数据库中公开，因此在时间选取上只选取从2006—2016年这11年的我国相关企业的专利数据。在企业选取时，选取了包括建筑业、服务业、通信设备制造业、生物制药业、汽车制造业、石油化工行业等不同行业、规模不同的具有创新代表性的企业进行研究。

本书在研究中运用的数据主要分为以下几类：企业的专利申请数据、企业研发强度数据、专利申请人和申请类型变化数据、企业规模等相关数据。其中和专利相关的数据通过incopat专利数据库及soopat专利数据库查询获得。而与企业特性相关的变量指标——技术难度、企业年龄、研发强度、企业经营状况、企业规模等指标，根据上海证券交易所上查询到的2006—2016年各企业的年报进行统计计算。另外，部分数据来源于中国科技统计年鉴、国家知识产权局、世界知识产权组织统计数据库等。

本书主要针对包括建筑业、服务业、通信设备制造业、生物制药业、汽车制造业、石油化工行业等不同行业规模的具有创新代表性的企业，对不同类型的企业根据数据获取难易程度、企业代表性、专利申请状况等因素进行筛选，最终选取了华为、小米、恒瑞医药、上海汽车、中建三局等不同各行业具有较大代表性的18家企业进行研究。

考虑到专利申请的实质性，发明专利审查时间较长，因此选取了这18家企业在2006—2016年这11年的专利数据及企业特征的相关数据进行统计研究，之后对于初始文本又进行如下处理：①剔除合作者数量为1或1以下的企业。②剔除主要变量有缺失的样本。最终得到的样本数量为165个。③本研究利用与企业共同申请专利的合作者数量来代表知识搜索宽度，但在创新过程中，从企业寻求合作者到形成专利申请产出存在一定的滞后期，不同的学者对滞后期的界定不一，本书按照李（Li）的做法将该滞后期定为三年，即认为从企业寻求合作者到形成专利产出需要三年的时间[26]。

6.2.2 变量与指标测定

（1）因变量。专利产出：对专利产出的衡量可以选专利授权数或申请数这两个指标，考虑选择专利申请量能够更加及时地反映出创新源分散化对于专利产出的影响状况，因此本研究选取专利申请量进行衡量。而专利产出是个综合反映企业创新绩效的变量，主要通过专利产出数量和专利产出质量这两方面来进行衡量[27]。

其值为：PAT = lnIQT + IQL。其中 IQT 为专利产出数量指标，用企业当年的专利申请的数量值来表示[28]；IQL 为专利产出质量指标，用企业该年申请发明专利占所有专利的比值来表示[29]。此外，因为在创新过程中从企业寻求合作者到形成专利申请存在一定的滞后期，如前所述，本研究将该滞后期定为三年，即认为从企业进行知识搜索到形成专利产出需要三年的时间，因此专利产出的衡量数据用的是推后三年的专利产出数据。

（2）自变量。创新源分散化：创新源作为创新活动的来源，其类型形式可表现为提供者类型，包括员工、顾客、供应商等，也可体现为具体的信息类型，包括创意、知识、技术等。本研究主要探讨专利这一信息形式的创新源，因为专利记载的新知识、新技术信息已成为当前企业创新活动的一个重要来源[7]。同时，本书利用专利申请中创新源提供者类型的数量来反映创新源分散化程度，即认为创新源提供者类型越丰富，创新源越趋于分散化发展。

（3）控制变量。在选取知识搜索和专利产出的控制变量时，主要分为企业财务特征经营特征。具体选取如下：

技术难度：不同的技术难度知识搜索状况和专利产出情况不同。本书将高新技术企业，技术难度取值为 1；将非高新技术企业，技术难度取值为 0。

企业年龄：有研究表明企业年龄与企业的专利产出成正相关关系。但企业年龄过大也存在企业创新思维固化，无法紧随创新潮流，官僚气息加重的风险。企业年龄按照企业自成立至研究年份的年数的自然对数进行测定取值[30]。

研发强度：研发强度代表企业对于研发投入的重视，一个重视研发的企业将大量的资金投入研发团队中，为企业专利研发提供了充足的资本。本研究的研发强度用企业当年研发投入占销售额的比例来测量[31]。

企业经营状况：良好的经营状况影响着企业知识搜索的方式，同时也使企业有充沛的精力去进行研发活动，利于专利产出。根据已有研究，本书将企业经营状况按照企业当年的年经营收入的对数值进行测量[32]。

企业成长性：企业成长性反映公司良好的治理结构带来的企业未来价值的增大。良好的企业成长代表企业对未来市场发展状况、市场环境、企业生命力的预期，表征企业对市场状况的认可程度。卫劳尔森和索尔特认为企业成长性较好的企业会由于未来市场前景的优势，鼓励企业进行创新，从而增加知识搜索的程度[7]。石欣欣认为企业成长性越好，企业对创新活动的开展越发重视，影响企业的专利产出[30]。本书对各企业近三年的利润的增长率进行了统计，将近三年的平均年增长率高于10%的企业视为市场预期情况良好，市场预期取值为1；而将近三年的平均年增长率低于10%的企业视为市场预期情况较差，市场预期取值为0。

企业所在区域：由于不同区域的经济、文化状况存在一些差异，不同区域往往有不同专利研发和知识搜索的状况。相对于中西部区域来说，东部区域有更强的知识产权保护体系、更优质的创新资源、科研技术水平及经济发展水平，因此将企业所处区域作为控制变量纳入研究。当企业地处东部时，取值为1；反之，取值为0。

鉴于企业成长性对于知识搜索的影响较小，而对于专利产出的影响较大。本书认为影响知识搜索的控制变量包括技术难度、企业年龄、研发强度、企业经营状况、企业所在区域，影响专利产出的控制变量包括技术难度、企业年龄、研发强度、企业经营状况、企业成长性、企业所在区域。

（4）中介变量。本书分别将知识搜索宽度、知识搜索深度、知识搜索

第6章 创新源分散化下企业知识搜索方式研究

联合维度作为中介变量。

知识搜索宽度：由于企业在进行知识搜索过程中，选择与其他创新主体进行合作，最终研发出产品，并通过专利的形式保护了这种产品，专利申请中的合作者数量反映了企业知识搜索宽度，因此本书以 incopat 数据库中各企业在一年内申请专利中的合作者数量来衡量知识搜索宽度[32]。

知识搜索深度：同理，本书用企业与合作者合作申请专利的平均数量来衡量知识搜索深度[32]。

知识搜索联合维度：知识搜索联合维度是同时进行知识深度搜索和知识宽度搜索活动时的一种状态，知识搜索联合维度的测定借鉴王（Wong）等[33]、曹（Cao）等[34]学者的衡量方法，可以利用知识搜索宽度与知识搜索深度的乘积的平方根来衡量，首先对知识搜索深度与知识搜索宽度进行标准化，之后将两者标准化的值相乘，以消除多重共线性。

（5）调节变量。技术多样性：本书将企业专利申请中涉及的 IPC 分类号中的部数作为企业的技术多样性。IPC 分类包括不同行业的 8 个部，反映了专利申请的所属技术领域，能通过企业申请专利中涉及的 IPC 分类号中的部数反映企业的技术多样性。

企业规模：企业规模反映一个企业的体量大小，是对企业生产、经营等范围的划型。对于企业规模的划分可以按照人数、注册资本、生产总值等方式划分。为方便研究，我们将用 2016 年各企业正式员工数量的对数值作为企业规模的值[35]。

各变量的汇总见表 6-1。

表 6-1 变量汇总

变量类型	变量名称	变量符号	变量取值方法
因变量	专利产出	PAT	PAT = lnIQT + IQL IQT、IQL 分别为专利申请数量和专利申请质量（发明专利占比）
自变量	创新源分散化	ISD	创新源提供者类型的数量

续表

变量类型	变量名称		变量符号	变量取值方法
中介变量	知识搜索	知识搜索宽度	KSW	专利申请合作者数量
		知识搜索深度	KSD	与合作者平均合作次数
		知识搜索联合维度	KSAD	Square Root $\sqrt{KSW \times KSD}$
调节变量	技术多样性		TechD	专利申请中 IPC 分类中的部数
	企业规模		SIZE	ln（正式员工数量）
影响专利产出的控制变量	技术难度		TD	高新技术企业取值为1，反之取值为0
	企业年龄		AGE	ln（企业年龄）
	研发强度		RD	研发投入/销售额
	企业经营状况		OCAS	ln（企业年经营收入）
	企业成长性		GROW	近三年平均利润增长率高于10%时取值为1；低于10%取值为0
	企业所在区域		REGION	东部取值为1，中西部取值为0
影响知识搜索的控制变量	技术难度		TD	高新技术企业取1，反之取值为0
	企业年龄		AGE	ln（企业年龄）
	研发强度		RD	研发投入/销售额
	企业经营状况		OCAS	ln（企业年经营收入）
	企业所在区域		REGION	东部取值为1，中西部取值为0

6.2.3 中介变量模型建立

假定自变量 X 对因变量 Y 的影响可以通过中介变量 Z 进行传递，那么认为 Z 是 X 对 Y 产生影响作用的传递路径。可以称 Z 是使 X 对 Y 产生影响的中介变量。中介效应的函数表达如图 6-1 所示。

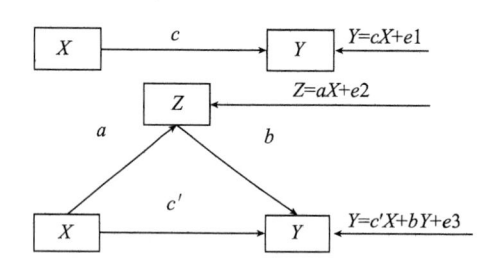

图 6-1 中介效应函数表达

参考学者温忠麟[36]、石欣欣[30]对中介效应的研究，本书对中介效应的检验过程如图 6-2 所示。

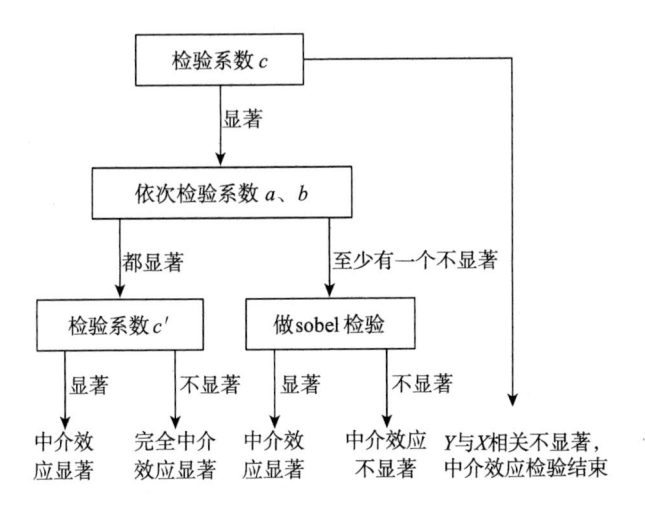

图 6-2 中介效应检验过程

6.2.4 模型构建

构建回归模型如下：

第一步，构建创新源分散化与专利产出的计量模型如下

$$\text{PAT} = c\text{ISD} + \alpha_i X_i + \varepsilon_i \quad (6-1)$$

第二步，构建创新源分散化与知识搜索的计量模型如下

$$\text{KSW} = a_1 \text{ISD} + \alpha_i X_i + \varepsilon_i$$
$$\text{KSD} = a_2 \text{ISD} + \alpha_i X_i + \varepsilon_i \quad (6-2)$$
$$\text{KSAD} = a_3 \text{ISD} + \alpha_i X_i + \varepsilon_i$$

第三步，构建知识搜索与专利产出的计量模型如下

$$\text{PAT} = b_1 \text{KSW} + \alpha_i X_i + \varepsilon_i$$
$$\text{PAT} = b_2 \text{KSD} + \alpha_i X_i + \varepsilon_i \quad (6-3)$$
$$\text{PAT} = b_3 \text{KSAD} + \alpha_i X_i + \varepsilon_i$$

第四步，构建创新源分散化、知识搜索、专利产出的计量模型如下

$$PAT = c'ISD + b_1KSW + \alpha_i X_i + \varepsilon_i$$
$$PAT = c'ISD + b_2KSD + \alpha_i X_i + \varepsilon_i \quad (6-4)$$
$$PAT = c'ISD + b_3KSAD + \alpha_i X_i + \varepsilon_i$$

第五步,构建考虑技术多样性、企业规模的计量模型如下

$$2PAT = cISD + e_1TechD + h_1TechD * ISD + \alpha_i X_i + \varepsilon_i$$
$$PAT = cISD + e_2SIZE + h_2SIZE * ISD + \alpha_i X_i + \varepsilon_i \quad (6-5)$$

模型中 ISD 为创新源分散化这个自变量;PAT 为专利产出这个因变量;KSW、KSD、KSAD 分别为知识搜索宽度、知识搜索深度、知识搜索联合维度这几个中介变量;而 TechD、SIZE 分别为技术多样性、企业规模这两个调节变量;X 为控制变量。

6.2.5 描述性统计与相关性分析

(1) 描述性统计分析。在进行相关性分析及回归分析前,对本书的相关变量进行描述性统计,主要包括对变量的平均值、中位数、最大值、最小值和标准差做出的统计,具体统计情况如表 6-2 所示。

表 6-2 描述性统计

变量名称	变量符号	平均值	中位数	最大值	最小值	标准差
专利产出	PAT	5.888	6.107	9.24	0.000	2.043
创新源分散化	ISD	1.958	2.000	6.000	1.000	1.144
知识搜索宽度	KSW	9.715	5.000	63.000	1.000	12.123
知识搜索深度	KSD	2.066	1.946	5.690	0.000	1.330
知识搜索联合维度	KSAD	4.143	3.067	17.62	0.000	3.706
技术多样性	TechD	5.533	6.000	8.000	1.000	2.140
企业规模	SIZE	10.414	10.441	12.990	7.310	1.459
技术难度	TD	0.442	0.000	1.000	0.000	0.498
企业年龄	AGE	2.738	2.773	3.810	0.000	0.557
研发强度	RD	3.214	1.695	15.090%	0.100%	3.506%
企业经营状况	OCAS	6.412	6.498	10.270	1.610	1.707
企业成长性	GROW	0.612	1.000	1.000	0.000	0.489
企业所在区域	REGION	0.764	1.000	1.000	0.000	0.426

第6章 创新源分散化下企业知识搜索方式研究

通过对选取的165条数据中的专利产出、创新源分散化、知识搜索等相关特征的统计分析，可以初步得出以下结论：

①选取企业中专利产出的差距较为明显，最大值为9.24，而最小值为0。这说明不同企业的专利产出的结果存在较大的差异性，有部分公司重视专利产出，平均值为5.88，这说明选取企业中专利产出的量还是处于较高的水平。

②对于创新源分散化的发展，最大值为6，说明企业重视创新环境的变化，从多种不同类型的创新源中获取知识，创新源分散化的程度较高；而最小值仅为1，只说明了该企业创新源分散化程度不高，还是从单一的创新源上来获取知识。这也说明选取的数据覆盖面较广，便于下一步的研究。

③关于知识搜索的描述性统计结果。知识搜索宽度最大值为63，最小值为1；而知识搜索深度最大值为5.69，最小值为0，说明不同的企业知识搜索宽度及知识搜索深度差距明显，有企业重视与外界其他对象进行合作，进行知识搜索，吸收有用的知识；而有部分企业知识搜索的程度存在欠缺。

（2）相关性分析。相关性分析是对两个或多个变量的相关性进行分析，对变量之间不明朗的关系进行预判。为了验证构思的几种变量之间的内在联系和相关关系，本书利用STATA12.0进行相关性分析，得到分析结果如表6-3所示。

专利产出与创新源分散化、知识搜索联合维度呈现显著的正相关关系，$P<0.01$，相关系数分别为0.482、0.680。这一初步研究结论符合预期。而知识搜索联合维度与创新源分散化也呈现在显著的正相关关系，相关系数为0.755，基本符合预期。但创新源分散化宽度与专利产出也呈现正相关关系，这一研究预期中的倒"U"型关系并不一致，这两者更加准确的相关关系有待于在一步更准确的关系研究中进行进一步研究确定。整体情况上看，因变量专利产出、自变量创新源分散化，以及中介变量知识

搜索宽度（深度）、知识搜索联合维度之间的相关关系基本符合预想，这为本研究的后续研究做好了基础。

而不同的控制变量对专利产出或知识搜索的影响不同，技术难度对专利产出影响作用并不显著，但技术难度与知识搜索深度、知识搜索联合维度都与专利产出存在显著的相关关系；企业年龄正向促进企业的知识搜索；研发强度与专利产出、知识搜索宽度、知识搜索深度、知识搜索联合维度都存在显著的正向相关关系；企业经营状况也与本书的几个变量呈现显著的正向相关关系；而企业成长性对专利产出、知识搜索的影响作用均不明显，并没有通过显著性检验；而企业所在区域与专利产出无相关关系，但正向影响企业的知识搜索。相关性分析中，控制变量的影响作用基本符合预期，但企业成长性对其他变量的相关性并不显著，本书在下一步研究中，考虑删除企业成长性这个控制变量。

6.2.6 回归分析

为检验创新源分散化、知识搜索、专利产出三者之间的相关关系，先运用多元回归的方法来检验创新源分散化对专利产出的影响，再运用多元回归分别检验创新源分散化与知识搜索的作用关系，知识搜索与专利产出的作用关系，最后引入技术多样性和企业规模这两个调节变量，来检验这两个调节变量对创新源分散化与知识搜索作用关系的影响。

（1）创新源分散化与专利产出关系检验。关于创新源分散化与专利产出的影响作用检验如表6-4所示。为了检验假设H1的正确与否，本书先控制控制变量——技术难度、企业年龄、研发强度、企业经营状况、企业所在区域对专利产出的影响如模型1所示，在此基础上，加入自变量"创新源分散化"后得到模型1a。

第6章 创新源分散化下企业知识搜索方式研究

表6-3 各变量间的相关性分析

变量符号	PAT	ISD	KSW	KSD	KSAD	TechD	SIZE	TD	AGE	RD	OCAS	GROW	REGION
PAT	1												
ISD	0.482***	1											
KSW	0.608***	0.804***	1										
KSD	0.615***	0.503***	0.671***	1									
KSAD	0.680***	0.755***	0.952***	0.853***	1								
TechD	0.706***	0.336***	0.478***	0.484***	0.535***	1							
SIZE	0.655***	0.422***	0.570***	0.425***	0.569***	0.390***	1						
TD	-0.079	0.044	-0.128	-0.145*	-0.140*	-0.303***	-0.477***	1					
AGE	0.117	0.054	0.042	0.219***	0.127	0.226***	0.050	0.040	1				
RD	0.405***	0.250***	0.258***	0.327***	0.319***	0.049	0.121	0.510***	0.241***	1			
OCAS	0.622***	0.487***	0.636***	0.460***	0.622***	0.485***	0.801***	-0.435***	0.060	-0.066	1		
GROW	-0.103	-0.051	-0.024	-0.038	-0.036	-0.093	-0.145*	0.008	-0.105	0.031	-0.167**	1	
REGION	0.113	0.204***	0.271***	0.221***	0.274***	-0.202***	0.183***	0.180**	-0.220***	0.309***	0.197***	-0.062	1

***表示 $P<0.01$，**表示 $P<0.05$，*表示 $P<0.1$。

表6-4 创新源分散化对专利产出影响作用关系

因变量		专利产出		模型1共线性检验		模型1a共线性检验	
		模型1	模型1a	VIF	容差	VIF	容差
控制变量	技术难度	-0.043	-0.111	1.770	0.565	1.790	0.559
	企业年龄	-0.386*	-0.373*	1.210	0.826	1.220	0.820
	研发强度	0.320***	0.311***	1.640	0.610	1.950	0.513
	企业经营状况	0.841***	0.784***	1.350	0.741	2.160	0.463
	企业所在区域	-1.040***	-1.031***	1.210	0.826	1.360	0.735
自变量	创新源分散化	—	0.243**	—	—	2.100	0.476
	R^2	0.624*	0.628**	—	—	—	—
	Adj R^2	0.612**	0.618**	—	—	—	—

***表示$P<0.01$，**表示$P<0.05$，*表示$P<0.1$。

通过表6-4的回归分析结果可以看出，各变量的容差值均大于0.1，且方差膨胀系数均小于10，这表明了模型1以及模型1a都不存在多重共线性的问题。模型1a调整后的拟合度为0.618，且通过了显著性的检验，证明该模型具有较好的解释性。并且创新源分散化对企业知识搜索宽度的回归系数达到正向显著（$\beta = 0.143, P < 0.05$），表面创新源分散化与专利产出有着显著的正相关关系，即表明创新源分散化的程度越高，企业专利产出越大。

通过对表6-4结果的深入分析，发现创新源分散化程度增加一个百分点，专利产出将增加0.243个百分点，这表明创新源分散化的发展对于专利产出有较大的影响作用。在内部研发已经无法满足大多数企业生产产品或生产工艺需求的情况下，企业重视对于创新源的分散化发展，在多种渠道上进行创新源的选取，能进一步提升企业专利产出的数量和质量。而在控制变量对于专利产出的影响作用中，可以发现模型1中并未发现技术难度对于专利产出的影响作用，这与预期结论不符，究其原因可能是由于所选企业中高新技术企业数量过多，而非高新技术企业数量偏少的原因。而企业年龄、研发强度、企业所在区域、经营状况均对专利产出有着显著的影响作用，这些控制变量对专利产出的影响作用基本与本研究的预期设想相吻合。

因此，通过该分析可判定创新源分散化对专利产出有着正向影响作用，这一检验结论符合本研究的理论分析，假设1得到了验证。

（2）创新源分散化与知识搜索关系检验。在检验创新源分散化与知识搜索的关系时，本书将知识搜索从开放度分为知识搜索宽度、知识搜索深度、知识搜索联合维度这三个角度来分别检验创新源分散化对知识搜索的影响作用。

关于创新源分散化对知识搜索宽度的影响作用检验如表6-5所示。为了检验假设H2的正确与否，本研究先控制控制变量——技术难度、企业年龄、研发强度、企业经营状况、企业所在区域对知识搜索宽度的影响，如模型2所示，在此基础上，加入自变量"创新源分散化"后得到模型2a。

表6-5 创新源分散化对知识搜索宽度的影响作用关系

因变量		知识搜索宽度		模型2共线性检验		模型2a共线性检验	
		模型2	模型2a	VIF	容差	VIF	容差
控制变量	技术难度	0.168	2.105*	1.770	0.565	1.790	0.559
	企业成熟度	-1.382	-2.620	1.210	0.826	1.220	0.820
	研发强度	1.067**	0.452**	1.640	0.610	1.950	0.513
	企业经营状况	4.620**	3.454**	1.350	0.741	2.160	0.463
	企业所在区域	0.999	-0.144	1.210	0.826	1.360	0.735
自变量	创新源分散化	—	4.049**	—	—	2.100	0.476
	R^2	0.501***	0.624***	—	—	—	—
	Adj R^2	0.486***	0.609***	—	—	—	—

***表示$P<0.01$，**表示$P<0.05$，*表示$P<0.1$。

通过表6-5的回归分析结果可以看出，各变量的容差值均大于0.1，且方差膨胀系数均小于10，这表明了模型2以及模式2a都不存在明显的多重共线性。在只加入控制变量时模型2中Adj R^2的值为0.486，即模型2调整后的拟合度为0.486，而加入创新源分散化这一自变量后，模型2a调整后的拟合度为0.609，这表明模型2a的拟合程度更高（$\Delta R^2 = 0.123, P < 0.01$），整体上更为显著。并且创新源分散化对企业知识搜索宽度的回归

系数达到正向显著（$\beta = 4.049, P < 0.05$），表明创新源分散化与知识搜索宽度有着显著的正相关关系，即表明创新源分散化的程度越高，企业知识搜索宽度越大。

关于创新源分散化对知识搜索深度的影响作用检验如表 6-6 所示。为了检验假设 H2a 的正确与否，先控制控制变量——技术难度、企业年龄、研发强度、企业经营状况、企业所在区域对知识搜索深度的影响，如模型 2b 所示，在此基础上，加入自变量"创新源分散化"后得到模型 2c。

表 6-6 创新源分散化对知识搜索深度的影响作用关系

	因变量	知识搜索深度		模型 2b 共线性检验		模型 2c 共线性检验	
		模型 2b	模型 2c	VIF	容差	VIF	容差
控制变量	技术难度	-0.561**	-0.735***	1.770	0.565	1.840	0.543
	企业成熟度	0.306*	0.338**	1.210	0.826	1.220	0.820
	研发强度	0.152***	0.128***	1.640	0.610	1.700	0.588
	企业经营状况	0.288***	0.141**	1.350	0.741	1.960	0.510
	企业所在区域	0.282	0.304	1.210	0.826	1.350	0.741
自变量	创新源分散化	—	-0.367**	—	—	1.220	0.820
	R^2	0.380***	0.445***	—	—	—	—
	Adj R^2	0.360***	0.424***	—	—	—	—

*** 表示 $P<0.01$，** 表示 $P<0.05$，* 表示 $P<0.1$。

通过表 6-6 的回归分析结果可以看出，各变量的容差值均大于 0.1，且方差膨胀系数均小于 10，数据在合理的区间范围内，这表明了模型 2b 以及模式 2c 都不存在多重共线性的问题。在只加入控制变量时模型 2b 中 Adj R^2 的值为 0.360，即模型 2 调整后的拟合度为 0.360，而加入创新源分散化这一自变量后，模型 2c 调整后的拟合度为 0.424，这表明模型 2c 的拟合程度更高（$\Delta R^2 = 0.064, P < 0.01$），整体上更为显著。并且创新源分散化对企业知识搜索深度的回归系数达到负向显著（$\beta = -0.367, P < 0.05$），表明创新源分散化与知识搜索深度有着显著的负相关关系，即表明创新源分散化的程度越高，企业知识搜索深度越小。

关于创新源分散化对知识搜索联合维度的影响作用检验如表6-7所示。为了检验假设H2b的正确与否，先控制控制变量——技术难度、企业年龄、研发强度、企业经营状况、企业所在区域对知识搜索深度的影响，如模型2d所示，在此基础上，加入自变量"创新源分散化"后得到模型2e。

表6-7 创新源分散化对知识搜索联合维度的影响作用关系

	因变量	知识搜索联合维度		模型2d 共线性检验		模型2e 共线性检验	
		模型2d	模型2e	VIF	容差	VIF	容差
控制变量	技术难度	-0.640	-1.482***	1.770	0.565	1.840	0.543
	企业成熟度	0.104	0.262	1.210	0.826	1.220	0.820
	研发强度	0.403***	0.286***	1.640	0.610	1.700	0.588
	企业经营状况	1.298	0.587***	1.350	0.741	1.960	0.510
	企业所在区域	0.498	0.603	1.210	0.826	1.350	0.741
自变量	创新源分散化	—	1.776***	—	—	1.220	0.820
	R^2	0.523***	0.721***	—	—	—	—
	Adj R^2	0.508***	0.710***	—	—	—	—

***表示$P<0.01$，**表示$P<0.05$，*表示$P<0.1$。

通过表6-7的回归分析结果可以看出，各变量的容差值均大于0.1，且方差膨胀系数均小于10，数据在合理的区间范围内，这表明了模型2d及模式2a都不存在多重共线性的问题。在只加入控制变量时，模型2d的Adj R^2的值为0.508，即模型2调整后的拟合度为0.508，而加入创新源分散化这一自变量后，模型2e调整后的拟合度为0.710，这表明模型2e的拟合程度更高，整体上更为显著。并且创新源分散化对企业知识搜索深度的回归系数达到正向显著，表明创新源分散化与知识搜索联合维度有着显著的正相关关系，即表明创新源分散化的程度越高，企业知识搜索联合维度越大。

通过对表6-5至表6-7结果的深入对比分析，发现创新源分散化程度增加1个百分点，知识搜索宽度将增加4.049个百分点；知识搜索深度减少0.367个百分点；而知识搜索联合维度增加1.776个百分点。对比这三种作用关系发现创新源分散化对知识搜索宽度及知识搜索联合维度都有显著的正向影响作用,这反映在创新源分散化趋势扩大的现实条件下,增加知识搜索宽度,扩展搜索渠道从多种来源搜索多种知识已成为现如今主流企业的搜索趋势。而创新源分散化与知识搜索深度呈现显著的负相关关系,表明创新源分散化发展趋势下,企业对于知识的深度搜索的幅度有一定的调整。通过分析可以发现,假设检验的结论与研究的预期设想基本相符合。

因此,通过该分析可判定创新源分散化对知识搜索宽度有正向影响作用,这一检验结论符合本研究的理论分析,假设2得到了验证。创新源分散化对知识搜索深度有负向影响作用,假设2a得到了验证。创新源分散化对知识搜索联合维度有正向影响作用,假设2b得到了验证。

(3) 知识搜索与专利产出关系检验。下面将知识搜索分为知识搜索宽度、知识搜索深度、知识搜索联合维度分别与专利产出进行关系检验。关于知识搜索宽度、知识搜索深度对专利产出的影响作用检验如表6-8所示。为了检验假设H3的正确与否,本书先控制控制变量对专利产出的影响,如模型3所示,在此基础上,加入变量"知识搜索宽度"后得到模型3a;为检验倒"U"型关系,在模型3a基础上加入变量"知识搜索宽度的平方"得到模型3a1。

表6-8 知识搜索宽度、知识搜索深度对专利产出的影响作用关系

因变量		专利产出					$3a_1$共线性检验 VIF	$3b_1$共线性检验 VIF
		模型3	模型3a	模型$3a_1$	模型3b	模型$3b_1$	VIF	VIF
控制变量	技术难度	-0.043	-0.038	0.068	0.209	0.214	1.77	1.84
	企业年龄	-0.386*	-0.348*	-0.431**	-0.523***	-0.535***	1.22	1.24
	研发强度	0.320***	0.291***	0.251***	0.252***	0.252***	1.83	1.90
	企业经营状况	0.841***	0.715***	0.651***	0.712***	0.713***	2.26	1.63
	企业所在区域	-1.040***	-1.067***	-1.162***	-1.167***	-1.168***	1.36	1.37

第6章 创新源分散化下企业知识搜索方式研究

续表

因变量		专利产出					3a₁共线性检验	3b₁共线性检验
		模型3	模型3a	模型3a₁	模型3b	模型3b₁	VIF	VIF
自变量	知识搜索宽度	—	−0.027	0.115	—	—	2.01	—
	知识搜索深度	—	—	—	0.449	0.553	—	1.22
	知识搜索宽度×知识搜索宽度	—	—	−0.252***	—	—	—	—
	知识搜索深度×知识搜索深度	—	—	—	—	−0.022	—	—
	R^2	0.624***	0.637***	0.762***	0.677***	0.677***	—	—
	Adj R^2	0.612***	0.623***	0.747***	0.664***	0.663***	—	—

***表示$P<0.01$，**表示$P<0.05$，*表示$P<0.1$。

通过表6-8的回归分析结果可以看出，各变量的容差值均大于0.1，且方差膨胀系数均小于10，数据在合理的区间范围内，这表明了模型3a及模式3b都不存在多重共线性的问题。在只加入控制变量时模型3中的Adj R^2值为0.612，即模型2调整后的拟合度为0.612，而加入创新源分散化这一自变量后，模型3a调整后的拟合度为0.623，模型的拟合程度并未得到大的改善。并且知识搜索宽度与专利产出的回归系数中的P值未通过检验，表明知识搜索宽度与专利产出无明显线性相关关系。

而模型3a1相对于模型3来说，模型3a1的拟合程度更高，整体上更为显著。知识搜索宽度的平方值与专利产出呈现负相关关系，这表明知识搜索宽度与专利产出呈倒"U"型关系，专利产出，先随知识搜索宽度的增加而增大，之后到达一定的临界值，知识搜索宽度继续扩大时，专利产出反而减小。这一验证结论符合本研究预期，假设 H3 得到了检验。

同理，模型 3b 和模型 3b1 是对于知识搜索深度与专利产出影响作用的检验，在两个模型的检验结果中，模型的拟合程度均未得到提升，且 P 值为通过检验，表明知识搜索深度与专利产出无明显的线性关系，且无倒"U"型关系。这一研究结论与预期结论不一致，假设 H3a 未得到检验。

关于知识搜索联合维度对专利产出的影响作用检验如表 6-9 所示。为了检验假设 H3b 的正确与否，先控制控制变量——技术难度、企业年龄、研发强度、企业经营状况、企业所在区域对专利产出的影响，如模型 3 所示，在此基础上，加入自变量"知识搜索联合维度"后得到模型 3c。

表 6-9 知识搜索联合维度对专利产出的影响作用关系

因变量		专利产出		3c 共线性检验
		模型 3	模型 3c	VIF
控制变量	技术难度	-0.043	0.060	1.79
	企业年龄	-0.386*	-0.403**	1.22
	研发强度	0.320***	0.255***	1.95
	企业经营状况	0.841***	0.632***	2.16
	企业所在区域	-1.040***	-1.120***	1.36
自变量	知识搜索联合维度	—	1.161***	2.10
	R^2	0.624***	0.764***	—
	Adj R^2	0.612***	0.752***	—

*** 表示 $P<0.01$，** 表示 $P<0.05$，* 表示 $P<0.1$。

通过表 6-9 的回归分析结果可以看出，各变量的容差值均大于 0.1，且方差膨胀系数均小于 10，这表明了模型 3 以及模式 3c 都不存在多重共线性。在只加入控制变量时模型 2d 中 Adj R^2 的值为 0.612，即模型 2 调整后的拟合度为 0.612，而加入知识搜索联合维度这一自变量后，模型 2e 调整后的拟合度为 0.752，这表明模型 2e 的拟合程度更高（$\Delta R^2 = 0.140, P < 0.01$），整体上更为显著。并且知识搜索联合维度对专利产出回归系数达到正向显著（$\beta = 1.161, P < 0.01$），表明知识搜索联合维度与专利产出有着显著的正相关关系，即表明企业知识搜索联合维度越大，企业专利产

出越大。

对比知识搜索三个维度与专利产出的相关，可以看出知识搜索宽度与专利产出呈现倒"U"型关系，假设 H3 得到了检验；知识搜索深度与专利产出额的相关关系不显著，假设 H3a 未得到检验；而知识搜索联合维度对专利产出呈现针线影响作用，假设 H3b 得到了检验。

（4）知识搜索的中介效应。模型 4a 是将专利产出作为因变量，将创新源分散化和知识搜索宽度作为自变量带入模型中所做的多元线性回归；模型 4b 是将创新源分散化和知识搜索深度作为自变量带入模型中所做的多元线性回归；模型 4c 是将创新源分散化和知识搜索联合维度作为自变量带入模型中所做的多元线性回归；具体见表 6-10。相对于模型 1a，本书将知识搜索宽度、知识搜索深度、知识搜索联合维度分别代入方程中，探究创新源分散化、知识搜索、专利产出三者间的中介效应。

表 6-10 知识搜索的中介作用分析

因变量		专利产出				模型 4a 共线性检验	模型 4d 共线性检验	模型 4c 共线性检验
		模型 1a	模型 4a	模型 4b	模型 4c	VIF	VIF	VIF
控制变量	技术难度	-0.111	-0.003	0.224	0.212	1.91	1.97	1.98
	企业年龄	-0.373*	-0.347*	-0.528***	-0.430**	1.22	1.25	1.22
	研发强度	0.311***	0.290***	0.253***	0.249***	1.84	1.91	1.97
	企业经营状况	0.784***	0.718***	0.719***	0.659***	2.28	2.02	2.22
	企业所在区域	-1.031***	-1.077***	-1.170***	-1.163***	1.36	1.37	1.37
自变量	创新源分散化	0.243**	-0.073	-0.024	-0.144*	3.07	1.70	2.60
	知识搜索宽度	—	0.033	—	—	4.04	—	—
	知识搜索深度	—	—	0.456	—	—	1.80	—

续表

因变量		专利产出				模型4a共线性检验	模型4d共线性检验	模型4c共线性检验
		模型1a	模型4a	模型4b	模型4c	VIF	VIF	VIF
自变量	知识搜索联合维度	—	—	—	0.218***	—	—	3.58
	R^2	0.628**	0.637***	0.677***	0.671***	—	—	—
	Adj R^2	0.618*	0.621***	0.662***	0.657***	—	—	—

***表示 $P<0.01$，**表示 $P<0.05$，*表示 $P<0.1$。

通过表6-10的回归分析结果可以看出，各变量的方差膨胀系数均小于10，这表明了模型4a、模型4b、模型4c都不存在多重共线性。模型4a调整后的拟合度为0.621，表明模型4a具有较好的拟合程度和解释效应。知识搜索宽度与专利产出回归系数不显著，P值未通过检验，表明增加知识搜索宽度对促进专利产出无明显作用。同理可知，知识搜索深度与专利产出的回归系数也不显著。而模型4c中调整后的拟合度为0.657，表明模型4c具有较好的拟合程度和解释效应。且知识搜索联合维度与专利产出回归系数显著（$\beta=0.218, P<0.01$），表明增加知识搜索联合维度对促进专利产出正向作用。

回归分析汇总如表6-11所示。

利用前述关于中介效应研究的验证方法，分别探究创新源分散化如何通过知识搜索来影响企业的专利产出。

先验证知识搜索宽度是否具有中介作用。在以创新源分散化为自变量的回归分析中，可以看出，创新源分散化对专利产出的回归系数为0.243，即总效应为0.243，通过了显著性检验。之后进行第二步的验证程序，此时 a 为4.049且具备显著特征，b 为0.027，但不具特征显著，因此需要做 sobel 检验。此时 $\hat{a}=4.049, s_a=0.518；\hat{b}=-0.027, s_b=0.011$；计算的 $Z=-2.34$，可知 P 大于0.05。表明知识搜索宽度在创新源分散化对专利产出影响作用中无显著的中介效应。假设4未得到检验。

表 6-11　回归分析汇总

因变量		专利产出 模型 1a	知识搜索宽度 模型 2a	知识搜索深度 模型 2c	知识搜索联合维度 模型 2e	专利产出 模型 3a	模型 3b	模型 3c	模型 4a	模型 4b	模型 4c
控制变量	技术难度	-0.111	2.105*	-0.735***	-1.482***	-0.038	0.209	0.060	-0.003	0.224	0.212
	企业年龄	-0.373*	-2.620**	0.338**	0.262	-0.348*	-0.523***	-0.403***	-0.347*	-0.528***	-0.430**
	研发强度	0.311***	0.452**	0.128**	0.286***	0.291***	0.252***	0.255***	0.290***	0.253***	0.249***
	企业经营状况	0.784***	3.454***	0.141**	0.587***	0.715***	0.712***	0.632***	0.718***	0.719***	0.659***
	企业所在区域	-1.031***	-0.144	0.304	0.603	-1.067***	-1.167***	-1.120***	-1.077***	-1.170***	-1.163***
自变量	创新源分散化	0.243**	4.049**	-0.367**	1.776***	-0.027	—	—	-0.073	-0.024	0.144*
	知识搜索宽度	—	—	—	—	0.033	—	—	0.033	—	—
	知识搜索深度	—	—	—	—	—	0.449	—	—	0.456	—
	知识搜索联合维度	—	—	—	—	—	—	1.161***	—	—	0.218***
	R^2	0.628***	0.624***	0.445***	0.721***	0.637***	0.677***	0.764***	0.637***	0.677***	0.671***
	Adj R^2	0.618***	0.609***	0.424***	0.710***	0.623***	0.664***	0.752***	0.621***	0.662***	0.657***

***表示 $P<0.01$，**表示 $P<0.05$，*表示 $P<0.1$。

再验证知识搜索深度是否具有中介作用。在以创新源分散化为自变量的回归分析中，此时 a 为 -0.367 且具备显著特征，b 为 0.449，但不具备特征显著，因此需要做 sobel 检验。此时 $\hat{a} = -0.367$，$s_a = 0.085$；$\hat{b} = 0.449$，$s_b = 0.088$；计算的 $Z = -3.296$，可知 P 大于 0.05。表明知识搜索深度在创新源分散化对专利产出影响作用中的无显著的中介效应。假设 4a 未通过检验。

最后验证知识搜索联合维度是否具有中介作用。在以创新源分散化为自变量的回归分析中，此时 a 为 1.776 且具备显著特征，b 为 1.161 且具备显著特征，两者同时通过验证，则进入下一步关于 c' 的验证程序，判定是部分中介效应还是完全中介效应。此时 c' 为 0.144，小于 c 值 0.243，这说明知识搜索联合维度在创新源分散化对专利产出影响作用中的中介效应显著，起部分中介作用。假设 4b 通过了检验。中介效应示意图见图 6-3。

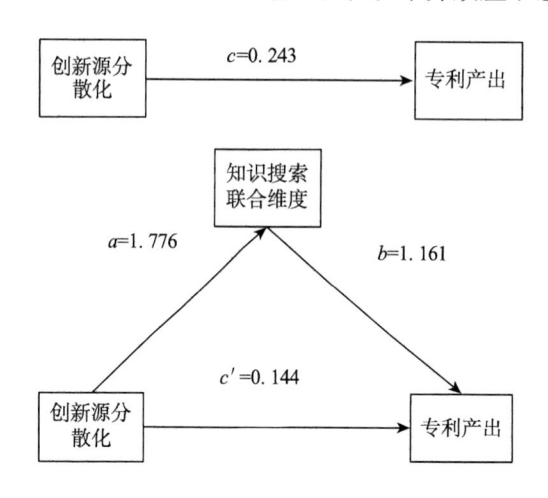

图 6-3 中介效应检验示意

这说明创新源分散化对专利产出的影响可以通过知识搜索联合维度进行传导，说明在创新源分散化的趋势背景下进行多样化的知识宽度搜索的同时，也需要关注知识搜索深度，制定好合理平衡的搜索策略，才能更好地促进企业的专利产出。

(5) 企业特性的调节效应。关于技术多样性和企业规模的调节作用的研究如表 6-12 所示。模型 5b 的结果表明，当在模型 1a 的基础上增加技术多样性与创新源分散化程度之间的交互项后，模型的解释力提高（$\Delta R^2 = 0.193$，$P<0.01$），且 $\beta = -0.199$，$P<0.01$，说明技术多样性负向调节创新源分散化对企业专利产出的正向影响作用，假设 H5 得到支持。

表 6-12 调节作用回归分析

	因变量	专利产出				
		模型 1a	模型 5a	模型 5b	模型 5c	模型 5d
控制变量	技术难度	-0.111	0.373*	0.281	0.693**	0.670**
	企业年龄	-0.373*	-0.528***	-0.700**	-0.360**	-0.522***
	研发强度	0.311***	0.230***	0.248***	0.181***	0.181***
	企业经营状况	0.784***	0.512***	0.536***	0.418***	0.416***
	企业所在区域	-1.031***	-0.326	-0.394*	-1.152***	-1.238***
自变量	创新源分散化	0.243**	-0.125	1.168***	-0.285*	2.267***
调节变量	技术多样性	—	0.455***	0.776***	—	—
	企业规模	—	—	—	0.415	0.785
	交互项					
	创新源分散化*技术多样性	—	—	0.199***	—	—
	创新源分散化*企业规模	—	—	—	—	0.226
	R^2	0.628**	0.711***	0.821***	0.693***	0.715***
	Adj R^2	0.618**	0.698***	0.811***	0.677***	0.698***

＊＊＊表示 $P<0.01$，＊＊表示 $P<0.05$，＊表示 $P<0.1$。

模型 5d 的结果表明，当在模型 1a 的基础上增加企业规模与创新源分散化程度的交互关系时，模型的解释力得到提高（$\Delta R^2 = 0.081$，$P<0.01$），但创新源分散化与企业规模的交互项和专利产出的系数未通过检验，说明企业规模对创新源分散化程度对专利产出的调节作用不显著，假设 H5a 未得到支持。

6.2.7 实证结果与分析讨论

本书以创新理论、创新扩散理论、知识基础观等理论为基础，通过对创新源分散化、知识搜索、专利产出变量间的相关关系的分析，提出了12个假设，又通过专利数据及企业年报的相关数据对提出的理论做出逐一检验，检验结果如表6-13所示。

表6-13 实证结果

假设	内容	实证结果
H1	创新源分散化促进企业的专利产出	支持
H2	创新源分散化对企业知识搜索宽度呈现正向影响作用	支持
H2a	创新源分散化对企业知识搜索深度呈现负向影响作用	支持
H2b	创新源分散化对企业知识搜索联合维度呈现正向影响作用	支持
H3	知识搜索宽度与专利产出呈现倒"U"型关系	支持
H3a	知识搜索深度与专利产出呈现倒"U"型关系	未知
H3b	知识搜索联合维度正向促进企业的专利产出	支持
H4	知识搜索宽度在创新源分散化与专利产出的关系作用在起中介作用	支持（部分中介）
H4a	知识搜索深度在创新源分散化与专利产出的关系作用未起中介作用	未知
H4b	知识搜索联合维度在创新源分散化对专利产出的关系作用中起到了中介作用	支持（部分中介）
H5	企业技术多样性对创新源分散化与专利产出的关系之间有正向调节作用	支持
H5a	企业规模对创新源分散化与知识搜索的关系之间有正向调节作用	未知

得出实证结果并讨论如下：

（1）创新源分散化促进企业的专利产出。这与本书研究的理论假设一致，根据创新理论，在创新源分散化影响作用下，知识向外界溢出，逐渐打破企业原有的创新范式，牵引企业向新技术、新方式变革，促进企业的突破性创新，为专利产出提供动力。同时，外界创新源的多样性变化，为企业提供了更多获取外部知识源的机会,减小与外界创新源的合作边际成本,从而促进企业的专利产出。

(2) 创新源分散化影响企业知识搜索开放度。其中,创新源分散化正向影响企业知识搜索宽度和知识搜索联合维度,而负向影响企业知识搜索深度。根据创新扩散理论,在创新源分散化变化下,创新资源逐步向外界扩散,企业搜索知识的成本变小,这时企业充分与不同创新主体合作,多样化的搜索知识。而在企业进行宽度搜索时,容易忽视与某一特定主体的深度搜索,反而负向影响知识搜索深度。

(3) 与大多数研究一致,本书研究发现知识搜索与专利产出存在相关关系。知识搜索宽度与专利产出呈倒"U"型关系,这说明知识搜索宽度与专利产出的关系作用存在一个临界点,超出临界点则为过度搜索。但本书研究未发现知识搜索深度与专利产出的相关关系。发现了知识搜索联合维度和专利产出呈正相关关系,证明了企业应当同时关注知识搜索的宽度和深度,促进企业专利产出。

(4) 在创新源分散化对专利产出的影响作用中,知识搜索宽度与深度都无法单独起到中介作用。而知识搜索联合维度起到了显著的部分中介作用,这证明了创新源分散化对专利产出的影响作用有部分是通过知识搜索联合维度进行传导,注重知识搜索联合维度的控制,能够有效帮助企业在创新源分散化环境下,获得更好的专利产出。

(5) 技术多样性正向调节创新源分散化与专利产出的关系,证明包含技术领域数量更多的企业对于创新源分散化的敏感度更高,能够更加敏锐地感知到创新源分散化的变化,通过对外界多样化创新主体的合作和知识吸收,为企业专利产出提供充足动力。

(6) 企业规模对创新源分散化与专利产出的调节作用不显著,这与本书研究的理论假设的结果不太一致。究其原因,可能是在本书研究样本选取中,选取的企业都是有一定规模的上市公司,因此无法准确得出企业规模这个量是否具有调节作用。

6.3 结论及管理启示

6.3.1 主要结论

本研究将创新源分散化、知识搜索策略及专利产出放在统一的框架下进行研究，探讨三者之间的协同影响，同时考虑了企业规模和技术多样性等特征的差异性，得出以下结论：

（1）创新源分散化的外部环境变化是影响企业专利产出的重要因素。与侯建等人发现外部知识源化正向影响专利产出的结果类似[4]，研究结果进一步证实了创新源的分散化发展趋势会正向影响和促进企业的专利产出，这种外部条件的变化有利于企业获得更大的专利产出。同时，本书研究进一步发现，这一影响作用很大程度上依赖于企业的知识搜索策略，尽管知识搜索宽度与深度不能单独发挥影响作用，但两者合成的知识搜索联合维度却起到了重要的中介作用，即创新源分散化会促进企业知识搜索联合维度的提升，从而进一步促进企业的专利产出，这说明单一的知识宽度搜索或深度搜索策略无法保障企业有效地利用创新源分散化这一有利的外部条件变化，而只有制订同时考虑搜索宽度和深度的组合策略，才能充分利用创新源分散化的有利趋势，促进企业的专利产出。

（2）对于不同类型的企业来说，创新源分散化对专利产出的影响程度有所不同。一方面，企业技术多样性是创新源分散化促进专利产出的"助推器"，技术多样性更大的企业往往能更敏锐地利用创新源分散化的变化，主动增强知识搜索的联合维度，从而促进企业的专利产出。另一方面，企业规模对于创新源分散化与专利产出之间的促进作用并无调节作用，这说明创新源分散对专利产出的影响不受企业规模类型的限制，而更多的是与企业的技术特征类型有关。

（3）企业在制订知识搜索策略时应当结合企业自身情况并随着外界环

境变化进行动态的调整,同时应当注意知识搜索宽度与深度的平衡,不仅需要与不同类型的创新源提供者进行合作,引进更多不同类型的知识,加强知识搜索的宽度;同时也要明确目标,与某一些具有优势的合作者建立起深度的合作关系,增强知识搜索的深度,实现与合作伙伴的互利共赢。而政府也应当助力创新源分散化的发展,推行"大众创新、万众创业"政策的进一步实施和落地,释放中小型企业、普通群众的创造力和创新热情,为企业的创新活动提供更多更有价值的创新来源。

6.3.2 管理启示

本书研究为企业通过知识搜索策略的改变来促进专利产出,进而提升创新能力提供了一个新的视角,对企业管理策略或公共政策制定有以下启示:

(1) 根据创新源分散化对正向促进企业专利产出这一研究结论。可知,政府应推行创新创业全民化的进一步发展,推动促进"大众创新,万众创业"落实的相关政策,进一步释放中小型企业、普通群众的创造力和创新热情,为企业的创新活动提供更多更有价值的创新来源。同时,政府可以对创新创业者进行合理的激励措施,加大全民创新的扶持力度,加深普通群众的创新热情,进一步推动创新主体的多元化、多样化发展。另外,政府在推行创新创业全民化发展的同时,应该完善知识产权保护机制,严格界定好知识产权的授权人和被授权人的问题,培育良好的知识产权市场交易体系,积极推进多样化的技术中介服务机构的建立,促进知识交易的公正化、合理化、诚信化发展。

(2) 根据知识搜索联合维度起到中介作用这一研究结论。可知,企业在制定知识搜索策略时,应当注重知识搜索维度的联合与平衡。企业在知识搜索时,不仅需要与不同类型的创新源提供者进行合作,引进更多不同类型的知识,加强知识搜索的宽度;同时明确目标,与某一些具有优势的合作者建立起深度的合作关系,增强知识搜索的深度,实现与合作伙伴的互利共赢。注意把握好搜索收益和搜索成本的关系，防止"过度搜索"的产生。

（3）根据技术多样性正向调节创新源分散化与专利产出的关系。可知，由于不同类型的企业对创新源分散化发展的"吸收"能力不同，企业需重视对企业自身特性的把握，根据企业特性和外界的环境变化对知识搜索方式及知识搜索维度进行动态化的调整。技术多样性大的企业对于创新源分散化变化的敏感性更强，此类企业应当及时顺应外界创新环境的变化，积极调整知识搜索策略，捕获有价值的新知识，促进专利的产出，从而提升企业的创新能力。而对于企业技术多样性不够的企业，在调整知识搜索策略时，应把握好知识搜索增大的程度，避免出现搜索过大导致企业成本的增加。

参考文献

[1] 高顺成．基于案例的企业创新来源分析［J］．学术论坛，2011（7）：136－143．

[2] 李青．外部创新源对中小企业技术创新绩效的影响研究［D］．杭州：浙江大学，2010．

[3] DELPORTE C. The source of innovation？［J］．Medical product outsourcing，2011，17（1）：387－392．

[4] 韦铁，鲁若愚．多主体参与的开放式创新模式研究［J］．管理工程学报，2011，25（3）：133－138．

[5] 侯建，陈恒．外部知识源化、非研发创新与专利产出——以高技术产业为例［J］．科学学研究，2017，35（3）：447－458．

[6] 吴晓波，彭新敏，丁树全．我国企业外部知识源搜索策略的影响因素［J］．科学学研究，2008，26（2）：364－372．

[7] LAURSEN K，SALTER A. Open for innovation：the role of openness in explaining innovation performance among UK manufacturing firms［J］．Strategic management journal，2006，27（2）：131－150．

[8] KATILA R，AHUJA G. Something old，something new：a longitudinal study of search

behavior and new product introduction [J]. Academy of management journal, 2002, 45 (6): 1183-1194.

[9] NARULA R. R&D collaboration by SMEs: new opportunities and limitations in the face of globalisation [J]. Technovation, 2004, 24 (2): 153-161.

[10] BECKER W, DIETZ J. R&D cooperation and innovation activities of firms—evidence for the German manufacturing industry [J]. Research policy, 2004, 33 (2): 209-223.

[11] 李强. 外部知识搜索宽度的前因及其创新绩效影响机制研究：基于正式—非正式搜索的视角 [D]. 杭州：浙江大学，2013.

[12] KATILA R, AHUJA G. Something old, something new: a longitudinal study of search behavior and new product introduction [J]. Academy of management journal, 2002, 45 (6): 1183-1194.

[13] 瞿孙平, 石宏伟, 俞林, 等. 知识搜索、吸收能力与企业创新绩效——环境不确定性的调节作用 [J]. 情报杂志，2016, 35 (08): 185-191.

[14] KAPLAN S, VAKILI K. The double-edged sword of recombination in breakthrough innovation [J]. Strategic management journal, 2015, 36 (10): 1435-1457.

[15] DOSI G. Sources, procedures, and microeconomic effects of innovation [J]. Journal of economic literature, 1988, 26 (3): 1120-1171.

[16] 梁阜, 张志鑫. 外部知识搜索及其双元性的创新效应研究 [J]. 情报杂志，2019, 38 (1): 86, 171-179.

[17] 苏道明, 吴宗法, 刘臣. 外部知识搜索及其二元效应对创新绩效的影响 [J]. 科学学与科学技术管理，2017, 38 (8): 109-121.

[18] ZAHRA S A, GEORGE G. Absorptive capacity: a review, reconceptualization, and extension [J]. Academy of management review, 2002, 27 (2): 185-203.

[19] ESCRIBANO A, FOSFURI A, TRIB A. Managing external knowledge flows: the moderating role of absorptive capacity [J]. Research policy, 2009, 38 (1): 96-105.

[20] 阮爱君, 陈劲. 正式/非正式知识搜索宽度对创新绩效的影响 [J]. 科学学研究，2015, 33 (10): 1573-1583.

[21] 魏文欢. 罗杰斯"创新扩散"理论评析 [J]. 传播与版权，2018 (10):

11 – 12.

[22] CANTWELL J, VERTOVA G. Historical evolution of technological diversification [J]. Research policy, 2004, 33 (3): 511 – 529.

[23] SAMPSON R C. R&D alliances and firm performance: the impact of technological diversity and alliance organization on innovation [J]. Academy of management journal, 2007, 50 (2): 364 – 386.

[24] 刘成坤, 张秀武. 中小型高技术企业 R&D 效率的评价与分析——基于三阶段 DEA 模型 [J]. 科技与经济, 2017 (6): 41 – 45, 50.

[25] ROGBEER S, ALMAHENDRA R, AMBOS B. Open – innovation effectiveness: when does the macro design of alliance portfolios matter? [J]. Journal of international management, 2014, 20 (4): 464 – 477.

[26] LI X. China's regional innovation capacity in transition: an empirical approach [J]. Research policy, 2009, 38 (2): 338 – 357.

[27] 孙玉涛, 臧帆. 企业区域内/间研发合作与创新绩效——技术多元化的调节作用 [J]. 科研管理, 2017, 38 (3): 52 – 60.

[28] BELDERBOS R, CASSIMAN B, FAEMS D, et al. Co – ownership of intellectual property: exploring the value – appropriation and value – creation implications of co – patenting with different partners [J]. Research policy, 2014, 43 (5): 841 – 852.

[29] SINGH J. Distributed R&D, cross – regional knowledge integration and quality of innovative output [J]. Research policy, 2008, 37 (1): 77 – 96.

[30] 石欣欣. R&D 投入、专利产出与企业业绩的关系研究 [D]. 西安: 西安科技大学, 2017.

[31] 谢子远, 黄文军. 非研发创新支出对高技术产业创新绩效的影响研究 [J]. 科研管理, 2015, 36 (10): 1 – 10.

[32] 梁子涵. 生物医药企业知识搜索行为的前因研究 [D]. 杭州: 浙江大学, 2015.

[33] WONG C W, WONG C Y, BOON – ITT S. The combined effects of internal and external supply chain integration on product innovation [J]. International journal of production economics, 2013, 146 (2): 566 – 574.

[34] CAO Q, GEDAJLOVIC E, ZHANG H. Unpacking organizational ambidexterity: di-

mensions, contingencies, and synergistic effects [J]. Organization science, 2009, 20 (4): 781 - 796.

[35] 吴航, 陈劲. 企业外部知识搜索与创新绩效: 一个新的理论框架 [J]. 科学学与科学技术管理, 2015, 36 (4): 143 - 151.

[35] 温忠麟. 张雷, 侯杰泰, 等. 中介效应检验程序及其应用 [J]. 心理学报, 2004 (5): 614 - 620.

第7章 创新源分散化下开放式创新知识搜索路径演化研究

随着开放式创新的发展，创新网络在组织创新中的作用越来越明显。同时，创新源分散化发展不断冲击创新网络的发展演化，促使组织知识搜索方式和创新网络发生协同演化。在此背景下，如何解决企业精准知识搜索的问题成为关注的焦点。本章将在创新源分散化条件下，探讨知识搜索平衡与创新网络协同演化对创新绩效的影响等机制，并从政府、产业和企业三个层面提出相应的管理启示，为解决精准知识搜索定向和高效的知识搜索路径问题提供理论依据和决策参考。

7.1 知识搜索平衡与创新网络协同演化机制

学术界从交易费用视角、资源互补视角和知识创造视角分析创新网络的形成，并将其形成的主要原因归纳为三个方面：一是技术与市场的不确定性；二是企业内部资源的稀缺性；三是技术合作成功的附加收益性[1]。贺灵等从协同理论角度认为创新网络的功能在于，为参与主体间实现信息互动、资源贡献、能力互补及集体创造知识、创新积累、获取领先优势等方面提供了一个良好的协同创新平台[2]。哈代（Hardy）等[3]提出，创新网络与组织学习密切相关，组织创新对知识需求的变化，引起网络关系的建立和改变。组织学习观点认为，创新集群中的学习静态表现为参与主体的学习能力，而在动态上就表现为学习过程的能力。换言之，组织学习在动态上可以看作是知识搜索、知识转移和知识创造的外部创新搜索过程。由于创新网络中的主体是有学习能力的适应性主体，其根据外部环境的变化调整知识搜索的开放程度，以获取最大的生存机会。然而，创新主体的适应性学习也是推动创新网络演化的基本动力，使零散的、随机的合作创新逐渐发育进化，成为多元主体共同推动技术创新的创新网络。由此可见，主体的适应性行为与创新网络是协同演化的，本章从创新主体的适应性学习过程，以及创新网络演化对知识搜索平衡与创新绩效的影响机制两个方面阐述协同演化机制。

7.1.1 创新主体的适应性学习过程

在开放式创新环境中，创新是一个交互式的过程，主要来自创新主体间的交互学习和共同参与过程。知识经济中最重要的基础资源是知识，因而如何搜寻并整合外部信息或知识来弥补组织内部知识缺口以解决创新问题是组织学习的关键。创新主体具有适应性，即在一般行为规则的基础上，还需要在与外部环境的交互中，存储经验和学习来改变适应性规则。正是因为能够通过不断学习来调整行为，创新主体才能在复杂环境中，逐渐增强生存能力。在创新网络中，假定每个创新主体都是具备学习和适应能力的智能个体，并且在与系统或环境交互时，都是希望获得最大化收益的。那么，创新网络中的创新主体的学习或适应过程是怎样进行的呢？本书在知识基础视角下，对企业的创新搜索过程进行分析，认为创新主体在创新网络中的适应性学习过程包括知识搜索、知识转移和知识创新三个阶段。

（1）知识搜索。知识搜索阶段是创新主体筛选合作伙伴，并建立创新合作关系的过程。由于创新主体具有智能性与目的性，不会盲目地搜索创新合作伙伴，而是遵循一定的原则。筛选原则主要从知识差距和知识搜索平衡两方面来考察。从知识差距方面来看，合作伙伴的知识应该与创新主体自身的知识基础具备一定的相似性和互补性，并且具有向创新主体扩散知识的意愿。如果创新合作双方的知识相似度太高，那么知识差距就会很小，并不足以实现创新主体知识获取和共享的目的。与之相反，如果创新合作双方的知识差异太大，无法避免认知困难、共享成本高等问题，从而影响两者间知识流动的效率和效果。从知识搜索平衡方面来看，创新主体由于自身资源的有限性，难以同时兼顾最优的知识搜索宽度和深度，需要利用组织双元性通过时间或空间的分离，来平衡知识搜索宽度和深度以获取利益最大化。换言之，创新主体会根据不同知识搜索平衡模式，即双元平衡或间断平衡两种模式，来确定宽度知识搜索和深度知识搜索的行为规则。而由于宽度知识搜索和深度知识搜索具有不同的目的，因此在确定知识搜索对象时也会依据不同的准则。

（2）知识转移。创新主体通过知识搜索过程搜寻符合一定规则的创新合作伙伴，并与之建立合作关系。随后，合作双方就在合作关系的基础上开始知识转移过程。知识转移是创新合作双方之间知识传递、共享和互动的过程，受到双方自身知识储备、经验和意愿影响的一种随机选择性过程。首先，知识转移方拥有知识接收方所需的异质性互补知识，并且两者间存在可传递的知识势差，知识转移方根据转移意愿与知识接收方共享知识。其次，知识接收方受限于自身的知识基础和信息分析能力，并非能够将知识转移方传递的有价值的知识信息全部理解吸收。最后，知识接受方通过自身的学习能力，对所获取的外部知识资源进行分析和理解，挖掘出对自己有价值的知识信息，从而通过内化吸收将学习到的新知识整合成自己的知识储备。于是，创新主体利用知识转移过程，完成不同知识主体间的知识信息资源的流动，形成创新网络中的知识流。与此同时，知识转移双方的知识距离，在这个过程中，直接影响知识流转的效率。这是因为，对于知识接收方来说，知识源与自身内部知识的重叠程度，是能否有效接收和消化新知识的重要评判标准。当双方的重叠知识很少时，意味着两者的知识基础差距较大，过大的知识距离往往会导致大量有价值的信息资源不能被有效传递。因此，创新合作双方的知识距离对知识转移效率具有重要影响。另外，从知识转移过程可以看出，知识学习是知识转移的一部分，两者是并行和协同发展的。在知识转移后期，知识接受方能否内化更多的有益知识，依赖于其与发送方的知识距离。随着创新网络的演化，创新主体间通过多次的创新合作不断地进行知识转移，进而合作双方产生了更多的重叠知识，知识距离渐渐缩小，进一步提升了知识转移的效率。然而，当双方的知识距离缩小到一定程度时，知识发送方基于替代效应和保护自身知识优势的考虑，会不再愿意继续共享自己的知识。另外，创新主体在经过持续的知识转移和知识学习的过程后，为后续的创新合作提供了更多的学习机会和更大的潜在学习空间。并且，随着学习的不断深入，创新主体间知识重叠程度的提高能够促进双方异质性知识的深入理解和利用，推动组织探索式创新的进程。

（3）知识创新。创新网络中组织间建立协同创新关系的目的是能够与合作伙伴共同解决一项复杂性创新问题。创新环境和技术发展往往是具有不确定性的，创新方案的实施能否成功并不是确定的，这直接导致了创新活动在带来竞争优势的同时也蕴藏着较大的风险。因此，当创新主体通过知识转移吸收了一定量的知识，或者自身的知识存量达到某一临界值时，创新主体就会以一定的概率发生知识创新。创新主体由于掌握了一定程度的知识和信息，有能力创造出新知识，带来自身知识存量的增长，知识增长量的多少与其获取到的外部知识量有关。由于知识创新，创新网络中又形成新的知识分布，影响创新主体间新一轮的知识搜索和知识转移行为。

7.1.2 创新网络演化对知识搜索平衡与创新绩效的影响机制

（1）网络结构对知识搜索平衡与创新绩效的影响。网络结构反映的是创新网络中节点的特征，如节点在网络中所处的位置、节点在网络中的作用，以及节点与网络中其他节点的联结状态。当创新主体与网络中其他主体建立协同创新关系时，他们之间的关系集合就组成了一个创新网络。创新主体通过知识搜索、知识转移及知识创新等适应性行为，从直接合作对象或间接合作对象获取异质性知识资源。而创新网络中主体间的创新合作关系就是这些知识或信息资源的流通渠道,创新主体在网络中的位置等网络结构特征,决定的是这些知识或信息资源的流动方向和水平,进一步影响主体的知识转移机制。在众多的网络结构衡量指标中,网络密度是最能反映网络结构变化的重要指标。

网络密度是网络中各节点间联结关系的疏密程度。节点间的联结关系越紧密,意味着网络拥有更高的密度。席林(Schilling)等[4]认为知识距离和地理距离会影响组织对建立创新合作关系的偏好倾向,当知识距离和地理距离较低时,组织更愿意与合作伙伴建立高频和高强度的合作关系。这样的关系建立偏好会促成网络密度的增加,进而加快知识在创新网络中的流动。一方面,当创新网络的密度较大时,知识在创新主体间的流动速度比较快。并且由于网络中创新主体间的联系较多,知识从一个创新主体转移到另一个创新主体的流通渠道数量较多,作为知识接收方的创新主体有更多的机会比较和判断不同的知识转移路径,最后选择最优的渠道来保证获取最多有价值的知识。另一方面,当网络密度大时,创新主体间联系紧密,更容易聚集形成创新联盟,并且企业间合作次数的增加,也会提升彼此的信任和互惠意愿,进而提升知识共享的程度,有利于有益知识的有效转移和推广使用。另外,从拓扑学的角度分析,网络密度越高,意味着两点间的知识流通的距离变小的概率越高,进而加快知识转移的速度和效率。

在不同的网络结构下,网络中知识流动的效率有高有低。而知识流动的效率影响网络内可获取异质性知识的分布,以及创新主体间知识转移过程中,有效知识的传递数量和程度。这使得创新主体在不同网络结构下,宽度知识搜索和深度知识搜索的不同平衡模式会产生不同的效果,进而影响主体的知识水平增长和创新绩效提升。当创新网络的密度较高时,整体的网络结构较为紧密,网络内的知识流通渠道较多,有利于知识的流动和转移。在这种情况下,企业获取外部新知识的成本较低,知识转移的速度较快,从而为宽度搜索和深度搜索提供足够的知识资源支持。此时,两种搜索方式的协同效应能够得到较好的发挥,而丰富的知识资源能够缓冲两者的竞争效应。因此,在密度较高的创新网络里,知识搜索双元平衡更有利于企业外部异质性知识的搜寻和创新绩效的提升。反之,当网络密度较低时,网络结构较为松散,平均路径较短,网络中知识的流通和转移较慢,效率不高,不利于创新主体利用宽度搜索和深度搜索在网络中获取足够的知识。在这种情况下,资源的稀缺加剧了企业宽度知识搜索和深度知识搜索的竞争效应,这就需要交替进行宽度搜索和深度搜索以降低竞争效应带来的损失。因此,在网络密度较低的创新网络里,知识搜索间断平衡更有利于企业外部异质性知识的搜寻和创新绩效的提升。

(2) 网络关系对知识搜索平衡与创新绩效的影响。网络关系,顾名思义,即网络中节点间联结关系的状态特征。在创新网络中,企业间基于共同的创新目标而互相联系形成各种正式或非正式关系,并通过这些关系网络进行知识共享、资源互换等活动以实现合作创新。而网络关系的强弱就是企业间互动次数、信任程度、亲密程度、合作持久性等特征的体现。企业间持续的良好互动关系和互惠理解,有利于形成一致的技术范式,提升双方的知识沟通理解能力,进而保障在知识转移过程中,传递更多有价值的知识。

根据强弱程度的不同,网络关系可以分为强联结关系和弱联结关系。现有研究普遍证实了网络关系的强弱会对企业间知识转移的深度和广度产生影响,并且能够降低知识转移过程中产生的成本和风险[5]。在创新网络中,创新主体间的强联结关系表示他们之间的创新合作次数较多,具备较高的合作基础。当创新主体间拥有强关系联结时,意味着双方的信任程度和知识转移意愿较高,这有利于创新主体间知识尤其是隐性知识的转移,促进主体知识搜索和转移效率的提升。同时,强联结关系的创新主体间,已经在稳定持久的创新合作中逐渐形成共同的知识基础或技术范式,这有利于主体间对复杂知识的深度挖掘和沟通,进而促进探索式创新。但是也有研究表明[6]，网络中的强联结关系并不是一直有利于企业的外部知识获取。这是因为强联结关系对稳定持续合作对象的偏好，容易导致企业忽视了与新伙伴合作交流的机会，减少了异质性新知识的获取。另外，随着创新主体间联结关系强度的增加，合作也越来越频繁，两者之间的知识范围和类型随之越来越接近，往往造成在后期的知识转移阶段，冗余知识占据了大部分比重，难以给企业的创新需求提供多元化知识。而网络中的弱关系联结则能够减少重复性知识的传递和降低关系维护成本，进而弥补了以上强关系联结的劣势。

由此可见，网络关系的强弱对网络中知识流动的效率和知识转移的成本产生影响，网络的知识水平也随之改变，进而影响创新主体新一轮知识搜索宽度和搜索的选择，最后造成不同的知识创新结果。同时，网络关系的强弱变化也影响创新主体在知识搜索阶段对知识转移对象的判断和筛选。当网络关系强度较高时，创新网络中拥有较多的强联结关系，创新主体间的知识沟通理解的程度也较高，有利于知识转移的高效进行。在这种情况下，创新主体转移、学习和吸收新知识的速度和效率都较高，有利于企业的深度知识搜索，同时网络内快速高效的异质性知识流通，能够为企业的宽度知识搜索提供丰富的异质性信息资源。此时，宽度知识搜索和深度知识搜索同时进行，既能够发挥良好的协同效应，又能够避免竞争效应的影响。因此，在网络关系强度较高的创新网络里，知识搜索双元平衡更有利于企业外部异质性知识的搜寻和创新绩效的提升。然而，当网络关系强度较低时，创新网络内创新主体间的联系并不紧密，主体间的合作程度不高，导致知识转移过程中有效知识传递的程度和速度都较低，不利于深度知识搜索获取高难度的、复杂的知识信息。但是，网络内较多的弱关系联结，能够为创新主体提供较多的非重复性知识，有利于主体通过宽度知识搜索活动获取异质性新知识。在这种情况下，深度知识搜索与宽度知识搜索对环境的适应能力的区别，凸显了两者之间对组织内部资源的竞争效应，因此就需要交替进行宽度搜索和深度搜索以减少两者争夺组织资源而带来的损失。综上所述,在网络密度较低的创新网络里,知识搜索间断平衡更有利于企业外部异质性知识的搜寻和创新绩效的提升。

7.1.3 知识搜索平衡与创新网络协同演化机制

创新的成功实现无形中改变了产品生产过程中所需的知识和资源,从而形成一个新的市场环境。开放式创新观点认为,多变的市场环境需要企业不断提升知识搜索和知识学习的能力,以适应不断变化的创新需求。于是,单个企业的内部资源已经不足以解决复杂性的创新问题,而创新网络的建立使得企业能够获取不同的外部创新资源,为企业创新提供更多的可能。一个良好互动的创新网络不仅能给合作企业带来满意的创新收益,也能够提升企业在市场中的知识优势和行业竞争力。企业嵌入在创新网络这一复杂适应性系统中,通过自身的知识搜索、知识转移和知识创新一系列的适应性学习行为,与创新网络相互影响、相互作用,形成协同演化的趋势。

在企业创新网络中,获取创新所需的互补性资源是企业搜寻创新合作伙伴的驱动力,推动创新网络的不断演化。随着创新主体互动关系的相互作用,创新网络结构的疏密和网络关系的强度也在不断变化。当创新网络结构和网络关系有利于知识的流动时,同时进行宽度知识搜索和深度知识搜索,即知识搜索双元平衡,更有利于创新主体在创新合作中,获取更多外部的新知识,进而提升创新绩效。当创新网络结构和网络关系不利于知识的流动时,交替开展宽度知识搜索和深度知识搜索,更能够帮助创新主体在保证异质性资源获取的同时,兼顾复杂性知识的深度挖掘,进而更有利于创新绩效的提升。同时,通过持续的知识转移,网络中创新主体的知识水平也在不断改变,在创新网络成员间形成新一轮的知识势差,进而影响后续的知识搜索宽度和深度的选取。创新网络中创新主体重复进行知识搜索、知识转移和知识创新的过程。因此,知识搜索平衡与创新网络的协同演化机制可以概括为:由于企业知识的动态变化,企业间的合作关系也随之不断调整，网络结构和网络关系因此不断变化，影响着知识搜索平衡对知识转移的有效程度，进而影响主体的创新绩效，创新网络在上述过程的循环作用下得以不断的演化。

7.2 知识搜索平衡、创新网络对创新绩效影响的传导路径

通过上述对知识搜索平衡与创新网络协同演化的分析，可以看出，知识搜索平衡的目的是找出一种兼容的方式进行宽度知识搜索和深度知识搜索，达到在充分发挥两者间互补效应的同时，使得两者之间的竞争效应影响最小的效果。企业对宽度知识搜索和深度知识搜索之间的需求关系，决定了知识搜索平衡模式的选择。在创新网络中，知识搜索平衡模式的选择直接影响创新主体的知识搜索行为，不同的知识搜索行为作用于知识转移过程，为创新主体获取到不同的外部知识资源。在不同的创新网络演化环境下，知识搜索的双元平衡或间断平衡，会对网络知识水平和创新绩效的增长产生不同的作用效果。

根据上文对创新主体知识搜索、知识转移和知识创新关系，以及知识搜索与平衡与创新网络演化相关理论的分析，本节提出如下基于创新搜索过程视角的知识搜索平衡与创新网络协同演化对创新绩效的影响的传导路径，如图7-1所示。首先分析知识搜索平衡与创新网络的协同演化，然后分别从创新网络知识水平和创新绩效两个方面考察知识搜索平衡的影响机制，同时考虑知识扩散速度和知识分散化程度两个环境变动因素的权变影响。

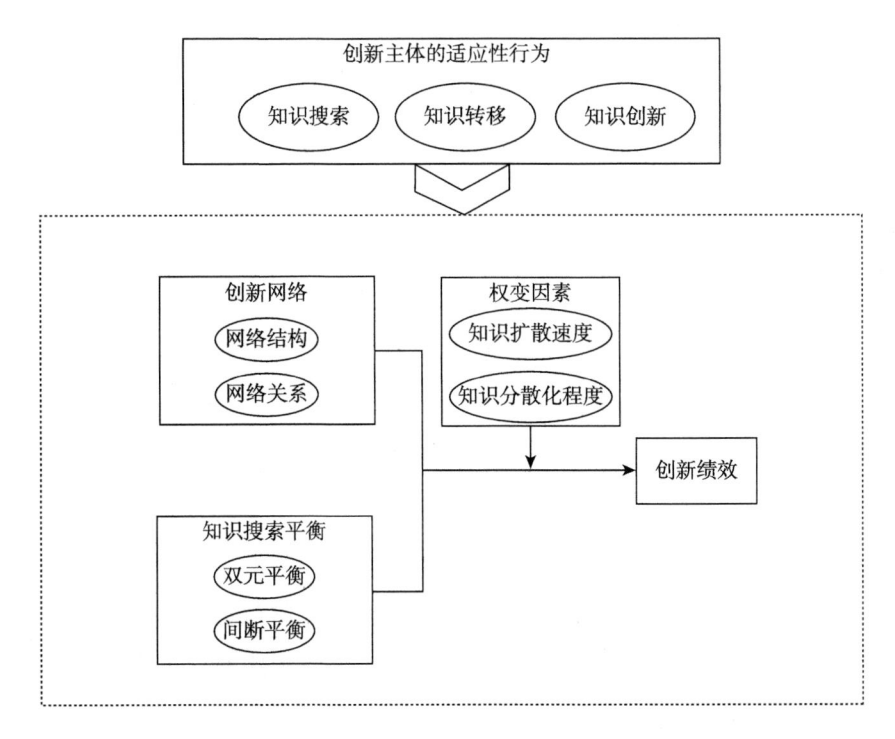

图 7-1 知识搜索平衡、创新网络对创新绩效影响的传导路径

7.3 模型建立

7.3.1 创新网络模型

创新网络是具有适应性的创新主体通过相互关系、相互联系而形成的复杂网络，符合复杂适应性系统特性[7]。在复杂适应性系统中，基于Agent建模与仿真能够将复杂系统中，系统整体属性与个体微观行为有机结合，模拟出微观主体的各种决策如何影响系统的演化结果[8]。因此，本书采用Agent建模与仿真方法，将企业Agent的知识搜索行为视为适应复杂创新网络系统的反应，从而动态模拟创新网络系统中，企业的知识搜索与网络演化相互作用的复杂演化过程。

因为创新网络具有小世界和无标度特性,其在演化过程中,呈现出节点度服从幂律分布和较短的网络平均路径长度等复杂网络特征[9]。同时考虑到在实际的企业创新网络中,各主体间的知识搜索关系程度是有差异且不断变化的,因此加权无标度网络是对企业创新网络的一种更为真实、细致的描述。基于此,本章通过构建加权无标度网络来分析创新网络随知识搜索平衡演化的过程。在网络模型中,节点表示知识搜索主体,节点之间的连线代表知识搜索主体之间的搜索关系。模型的构建还基于以下假设:

假设一:创新网络是一个动态演化的网络,在演化时间内,不断有新节点的加入和旧节点的退出。

假设二:在加权无标度创新网络中,关系强度定义为单位时间内主体间建立搜索关系的次数,主体 i 与主体 j 之间连线的权值表示为关系强度 s_{ij},权重越大,表示关系越紧密,则具有 N 个创新主体的创新网络 G 的联结强度 r 和联结密度 q 可分别表示为如下公式(7-1)和公式(7-2)

$$r = \sum_{i=1}^{N} \frac{s_i}{N} \qquad (7-1)$$

$$q = \frac{\bar{s_i}}{\bar{\omega}_{ij}(N-1)} \qquad (7-2)$$

其中 s_i 为创新主体 i 所有关系强度之和,$\bar{s_i}$ 为创新主体 i 的平均关系强度,$\bar{\omega}_{ij}$ 为创新网络 G 中所有连边权重的平均值。

假设三:关系强度 s_{ij} 会随着主体 i 与主体 j 之间知识搜索合作次数的增加而增加,并且符合饱和效应,利用如下离散型的权重函数[10]进行权重设定,如公式(7-3)所示

$$s_{ij}(x) = \begin{cases} \dfrac{\theta s_{ij}(1) e^x}{\theta + s_{ij}(0)(e^x - 1)}, & x > 1 \\ 0.01, & x = 1 \\ 0, & x = 0 \end{cases} \qquad (7-3)$$

其中，x 为创新主体间在知识搜索过程中，建立合作关系的次数，常数 θ 表示创新主体间关系紧密度的饱和值。上述公式表明，当 $x = 0$ 时，$s_{ij}(x) = 0$，即创新主体间无合作关系，权重为 0。当 $x \to +\infty$ 时，$s_{ij} \to \theta = 1$，即随着创新主体间合作次数的增多，权重趋向 1。

7.3.2 基于 Agent 的知识搜索模型

知识搜索是企业为了寻求满意的创新绩效而跨越组织或认知边界，开展的知识搜索、知识转移和知识创新的活动集合[11]。因此，本书模型假设创新网络中的企业，即创新主体（Agent）具有三类自适应行为：知识搜索、知识转移和知识创新。并且假设创新主体的属性集为 E（K_i，h_i，α_i，β_i，π_i），其中 K_i 表示创新主体 i 所具有的 n 维知识向量，$K_i = (k_{i1}, k_{i2}, \cdots, k_{in})$，其中每个维度的知识存量取值为 [0，1]。为了贴合实际和简化模型，假设 k_i 服从正态分布 $N(0.5, f)$，其中 f 代表知识分散化程度；h_i 表示创新主体所采取的知识搜索平衡模式；α_i 表示创新主体 i 所具备的知识转移意愿；β_i 表示创新主体 i 所具备的知识吸收能力；π_i 表示创新主体 i 所获得的创新绩效。创新主体的知识搜索行为之间并不是相互独立的，而是存在动态耦合的关系：创新主体的知识搜索平衡模式决定了其知识搜索行为，进而影响创新主体对创新合作伙伴的选择；不同的创新伙伴具有不同的知识水平和知识转移意愿，进而影响创新主体间的知识转移；创新主体通过知识转移获取的外部新知识又会对其进行知识创新产生影响。此外，不同的知识搜索行为会导致创新网络演化出不同关系，而网络关系的变化反过来又会影响主体的知识搜索行为。综上所述，主体 i 的自适应行为与创新网络的交互机制如图 7-2 所示。

（1）知识搜索平衡规则。在模型中，创新主体的宽度搜索，即指创新主体在创新网络中优先选择与其知识距离最大的主体建立知识搜索关系，用公式（7-4）表示如下

$$\text{Link}_{ij}^{W} = \begin{cases} 1, d_{ij} = \max\{d_{ij}\} \\ 0, d_{ij} \neq \max\{d_{ij}\} \end{cases} \quad (7-4)$$

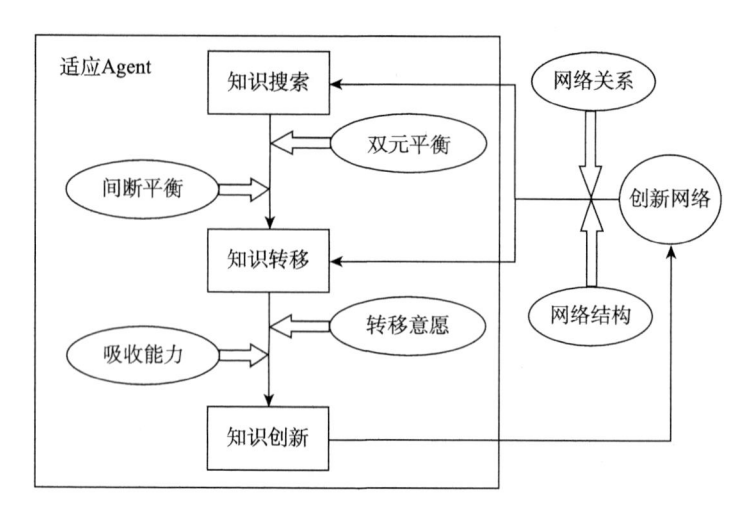

图7-2 适应主体与创新网络的交互机制

其中，d_{ij}为主体i与主体j之间的知识距离，采用欧氏距离计算，即$d_{ij} = \sqrt{(k_{j1} - k_{i1})^2 - (k_{j2} - k_{i2})^2 + \cdots + (k_{j5} - k_{i5})^2}$；$\text{Link}_{ij}^W$为主体$i$和主体$j$之间的宽度搜索关系，取值为1说明两者之间存在宽度搜索关系，反之说明两者之间不存在宽度搜索关系。

同理，深度搜索，即创新主体在创新网络中，优先选择与其关系强度最大的主体建立知识搜索关系，用公式（7-5）表示如下

$$\text{Link}_{ij}^D = \begin{cases} 1, s_{ij} = \max\{s_{ij}\} \\ 0, s_{ij} \neq \max\{s_{ij}\} \end{cases} \quad (7-5)$$

当创新主体采取双元平衡时，需要分配资源给不同的组织单元同时进行宽度搜索和深度搜索，因此假设一次知识搜索需要两个仿真步长，创新主体在一个仿真步长中进行宽度搜索，而下一个仿真步长进行深度搜索，用公式（7-6）表示如下

$$\begin{cases} \text{Link}_{ij}(2t) = \text{Link}_{ij}^W \\ \text{Link}_{ij}(2t-1) = \text{Link}_{ij}^D \end{cases} \quad (7-6)$$

当创新主体采取间断平衡时，在一段时间内，专注于宽度搜索，下一段时间内，专注于深度搜索，并且通常集中更长的时间在宽度搜索[12]，用

公式（7-7）表示如下

$$\text{Link}_{ij}(t) = \begin{cases} \text{Link}_{ij}^{W}, t \leq \mu T \\ \text{Link}_{ij}^{D}, \mu T < t \leq T \end{cases} \quad (7-7)$$

其中，以 T 个仿真步长为一个循环，μ 为宽度搜索占全部知识搜索的比例，μ 取值大于 0.5，创新主体前 μT 个仿真步长采用宽度搜索，后 $(1-\mu)T$ 个仿真步长采用深度搜索。

（2）知识转移规则。根据科万（Cowan）和约纳德（Jonard）[13]的模型，我们用 α_{ji} 表示知识提供方 j 对知识搜索方 i 的知识转移意愿，β_{im} 表示知识搜索方 i 对第 m 类知识的吸收能力，λ_{jm} 表示创新网络内第 m 类知识的扩散速度，创新网络中主体间的知识转移规则可表示为公式（7-8）

$$\begin{cases} k_i^m(t+1) = k_i^m(t) + (1 - e^{-(\beta_{im}+\lambda_m)}) \alpha_{ji} [k_j^m(t) - k_i^m(t)] \\ k_j^m(t+1) = k_j^m(t) \end{cases} \quad (7-8)$$

不失一般性，模型假设 α_{ji} 与主体 i 与主体 j 之间的关系强度 s_{ij} 成正比，β_{im} 与主体 i 的知识存量 k_j^m 成正比。

（3）知识创新规则。创新主体通过知识转移行为不断地获取新知识，并吸收整合为自己的内部知识。当创新主体的内部知识存量超过 μ_1 或知识增量超过 μ_2 时，主体以概率 p_c 进行知识创新行为。知识创新行为会为创新主体带来新知识，体现为知识存量的增加。基于此，t 时刻创新主体 i 第 m 项知识存量的变化过程可表示为公式（7-9）

$$k_i^m(t)' = [1 + g\, e^{k_i^m(t) - k_i^m(t-1)}] k_i^m(t) \quad (7-9)$$

其中 g 为知识创新系数。创新主体通过知识创新，与其他创新主体产生新的知识差距，这种知识差距推动新一轮的知识转移活动，促进创新网络知识的增长。网络知识的增长过程可以通过平均网络知识存量 $KN(t)$ 来表示，如公式（7-10）所示

$$KN(t) = \sum_{i=1}^{N} \frac{k_i(t)}{N} \quad (7-10)$$

在创新网络中,创新主体通过吸收利用知识来获得相应的创新收益。假设创新主体的创新收益与其知识存量之间的关系符合柯布—道格拉斯生产函数[14],则创新主体 i 在 t 时刻获得的创新收益可表示为公式(7-11)

$$Q_i(t) = [k_i(t-1)]^a [k_i(t) - k_i(t-1)]^b \qquad (7-11)$$

其中 a,b 为创新主体 i 在 t 时刻已有知识存量与所获新知识对创新收益的贡献系数。由于创新主体在知识搜索和知识转移过程中,需要付出一定的成本,因此模型构建成本函数如公式(7-12)所示

$$C_i(t) = \varepsilon_1 d_{ij} + \varepsilon_2 s_{ij} + \varepsilon_3 [k_i(t) - k_i(t-1)] \qquad (7-12)$$

其中 ε_1、ε_2、ε_3 分别为每增加一单位搜索宽度、搜索深度和新知识的成本。模型中选取创新主体的创新净收益来衡量创新主体的创新绩效,综上分析可知,t 时刻创新主体 i 的创新绩效可表示为式(7-13),创新网络的创新绩效可表示为式(7-14)

$$\pi_i(t) = Q_i(t) - C_i(t) \qquad (7-13)$$

$$PN(t) = \sum_{i=1}^{N} \frac{\pi_i(t)}{N} \qquad (7-14)$$

7.4 仿真实验设计

7.4.1 仿真流程

基于上述创新网络模型和 Agent 模型的构建,本书采用 Netlogo 软件进行编程仿真,分别对间断平衡和双元平衡下的创新网络演化过程进行多主体仿真,每次仿真运行 800 个周期。为了消除实验中随机数据的不确定性,每次实验都以同一组参数进行 40 次仿真,最后取其平均值作为仿真结果输出。模拟仿真流程如图 7-3 所示。

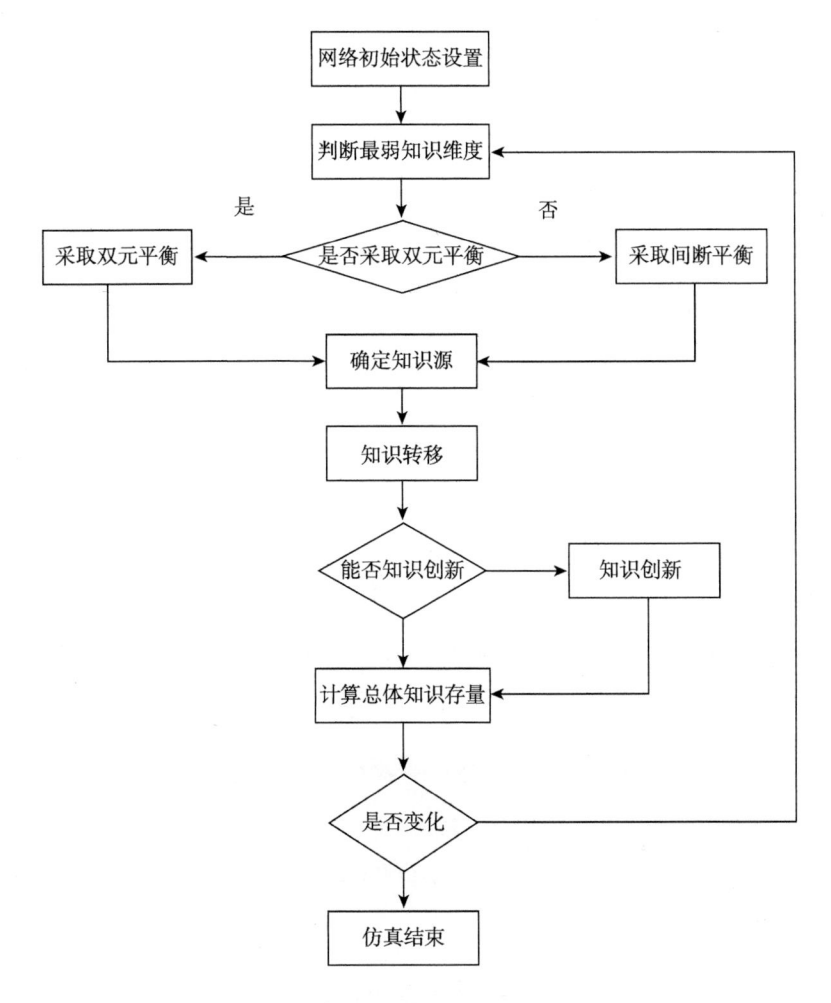

图 7-3 仿真流程

7.4.2 仿真界面

基于 Agent 的知识搜索平衡与创新网络协同演化模型仿真界面如图 7-4 所示。模型包含一个循环计数器,用于检测知识搜索平衡下宽度搜索和深度搜索的循环次数。模型一共包含 setup、go、layout 和 resize - nodes 四个按钮。其中,setup 按钮的功能是清理世界和构建初始化网络模型,go 按钮的功能是运行创新网络演化模型,layout 按钮的功能是调整创新网络拓扑结构图的可视化效果，resize – nodes 的功能是显示创新网络中节点的大小。模型还包括两个开关，它们的功能分别是控制网络中创新主体的知识搜索平衡模式。模型还包括 9 个绘图与监视器，其功能是对模型中创新网络的联结密度、联结强度、平均知识水平、创新绩效演化过程和结果进行监视，收集研究问题所需的数据。

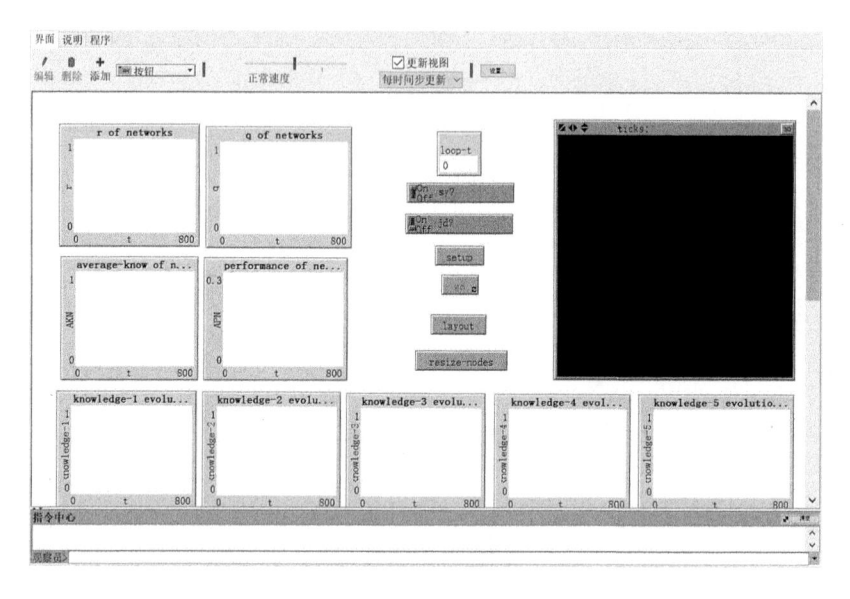

图 7 – 4 仿真界面

7.5 结果与讨论

7.5.1 知识搜索平衡与创新网络协同演化

图 7 – 5 和图 7 – 6 分别给出了间断平衡和双元平衡搜索下创新网络演化在 $t=200$，$t=400$，$t=800$ 时的结果输出。图中的节点表示创新主体，节点的连线表示创新主体之间的知识搜索关系，节点的大小表示其点权 s_i，节点越大意味着拥有越多的强联结。

第7章 创新源分散化下开放式创新知识搜索路径演化研究

t=200　　　　　　　　*t*=400　　　　　　　　*t*=800

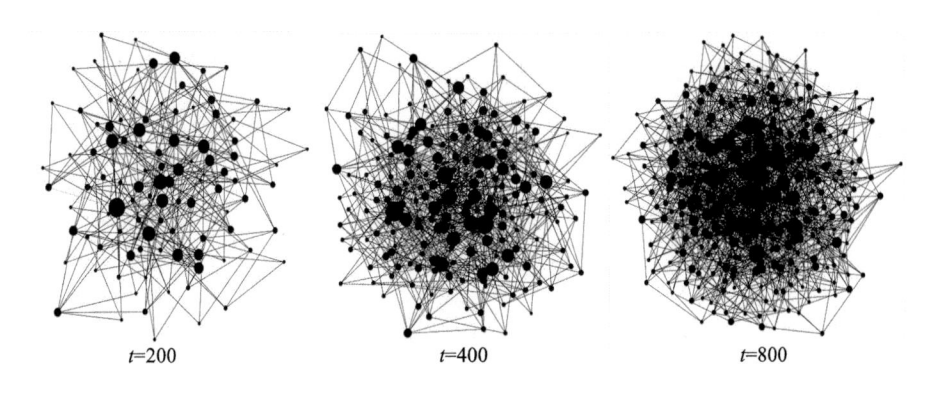

图 7-5　间断平衡下的企业创新网络演化

t=200　　　　　　　　*t*=400　　　　　　　　*t*=800

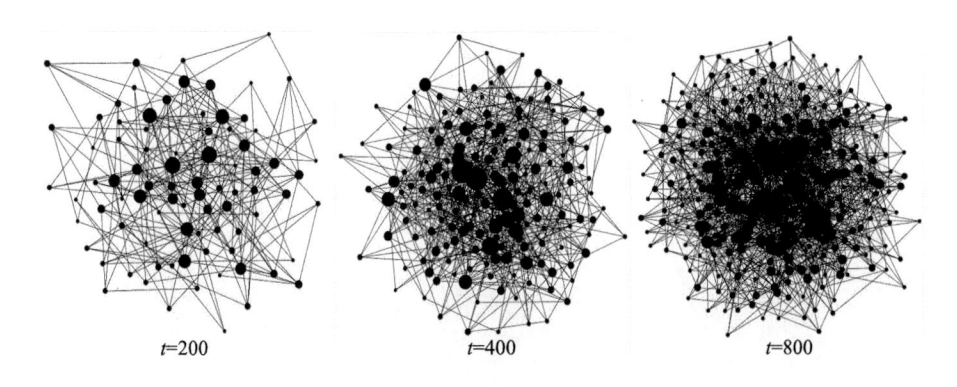

图 7-6　双元平衡下的企业创新网络演化

从图中可以直观地看出，无论是间断平衡还是双元平衡，创新网络规模都呈现增长的趋势，创新主体之间的搜索关系强度也更加紧密，创新网络呈现大部分小节点包围少数大节点的聚集形态。当 $t=800$ 时，间断平衡和双元平衡下的创新网络拓扑结构演化结果基本相似，说明两类知识搜索平衡对创新网络最终的稳态结构影响不大。

为了更加细致地揭示创新网络的演化趋势，图 7-7 和图 7-8 分别给出了不同创新搜索平衡模式下网络密度 q 和联结强度 r 随仿真周期 t 的演化曲线。

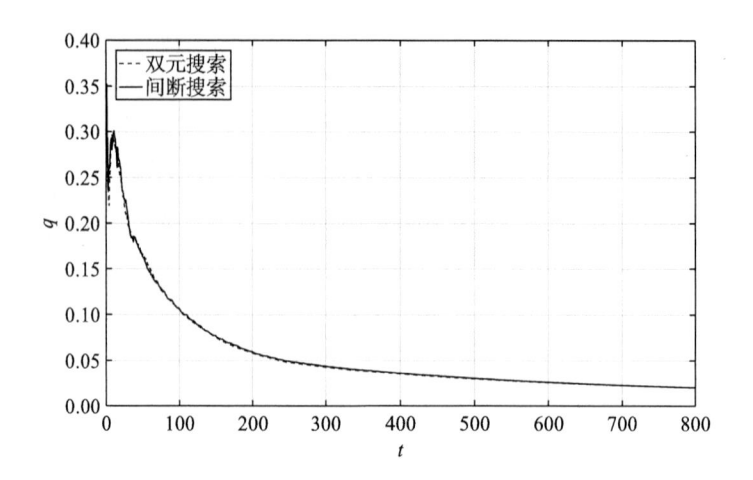

图 7-7 联结密度 q 的演化曲线

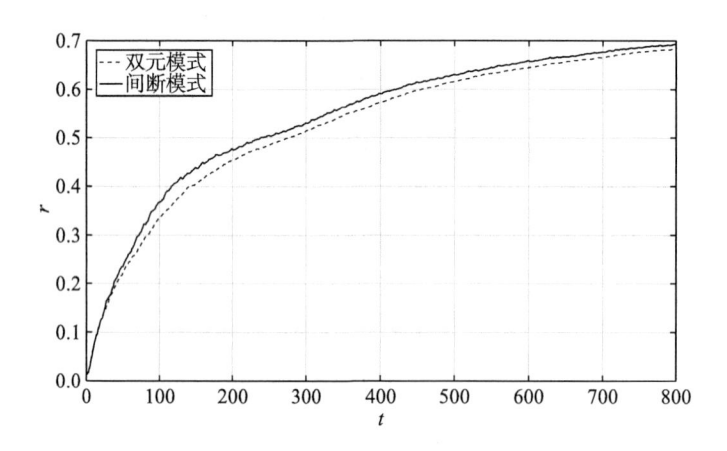

图 7-8 联结强度 r 的演化曲线

从图中可以看出，在两种创新搜索平衡策略下，网络联结密度 q 随着仿真周期的增加均呈现初始阶段快速攀升至峰值随后指数下滑的单峰变动形态，峰值点代表此时的创新网络结构最紧密，这说明了创新网络结构演化的有限性。特别的，间断搜索和双元搜索规则下的网络密度演化曲线高度重合，表示了不同的创新搜索平衡策略不会影响创新网络密度的演化规律。虽然两种平衡模式下创新网络结构相似，但是图 7-8 显示间断平衡下创新网络演化出更高的联结强度，网络成员间的关系更紧密，这说明间断平衡模式比双元平衡更能促进网络关系的增强。

7.5.2 知识搜索平衡与创新网络协同演化对创新绩效的影响

在企业创新网络中，创新主体根据知识搜索平衡模式选择创新合作对象，并通过知识转移和自身知识创新，促进知识水平的提升来获取创新收益。但是，不同的知识搜索平衡模式会导致创新主体知识搜索成本的差异，从而影响创新绩效的变化。

图 7-9 的结果表明，两种平衡模式下的网络知识水平演化均呈现前期快速增长，后期缓慢增长的趋势，仿真前期双元平衡下的网络知识水平要高于间断平衡，而后期间断平衡下的网络知识水平逐渐赶超双元平衡。这种现象说明，短期来看双元平衡有利于创新网络内企业之间的知识转移和学习，促进创新网络知识水平的增长，但长期来看，间断平衡更有利于网络知识水平的增长。图 7-10 的结果表明，两种平衡模式下的创新绩效均呈现倒"U"型的演化曲线，即网络绩效在创新网络演化过程中，存在峰值，并且间断平衡下的创新绩效增速逐渐加快，达到的峰值更高。虽然仿真前期间断平衡比双元平衡下的网络知识水平更低，带来的创新收益较少，但是图 7-10 显示，此时两者的创新绩效差距并不大，这是由于间断平衡下的网络关系演化更为紧密，减少了网络成员间的知识转移成本，并且随着仿真周期的推进这种优势更为凸显。这说明，随着知识搜索平衡周期的增加，间断平衡比双元平衡更能促进创新绩效的提升，但是两种平衡模式下的创新网络均存在一个适宜的周期使得创新绩效最高，周期过短或过长都会导致创新绩效的下降。

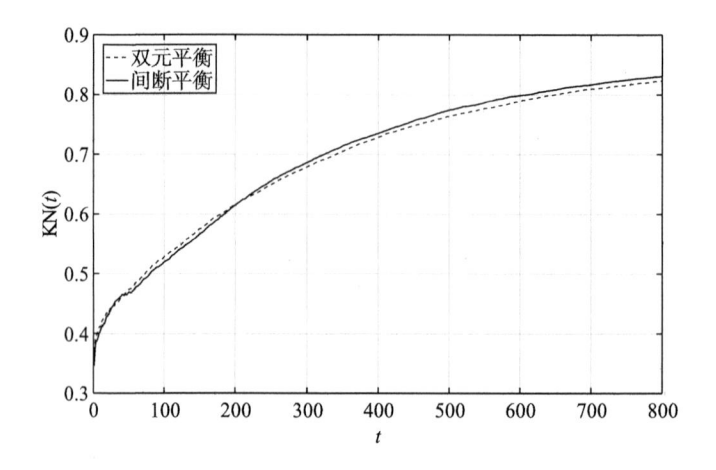

图 7-9 网络知识水平的演化曲线

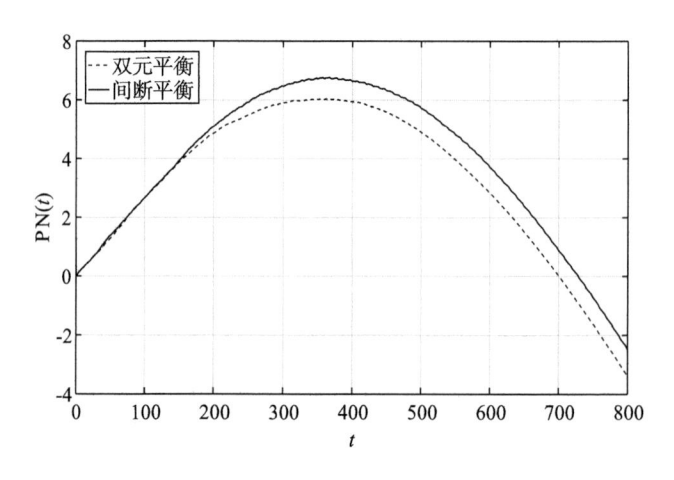

图 7-10 创新绩效的演化曲线

7.5.3 知识扩散速度和知识分散化程度的权变影响

(1) 知识扩散速度的权变影响。创新主体间的知识转移过程导致各类知识在创新网络中不断的流动和扩散,而显隐性、复杂性等知识特性使得知识具有不同的扩散速度,进而影响创新网络中的知识搜索效率,为了考察不同的知识扩散速度下,知识搜索平衡对网络知识增长的影响,模型中设置创新主体具有五维知识向量($k1$,$k2$,$k3$,$k4$,$k5$),并且 $k1 \sim k5$ 知识扩散速度分别为0.1，0.3，0.5，0.7，0.9。图7-11给出了两种平衡模式下 k1~k5 随仿真周期的演化曲线。

图7-11中的仿真结果显示，在不同的知识扩散速度下，两种平衡模式对创新网络知识的增长速度和水平的影响具有差异性。当知识扩散速度为0.1、0.3时，与间断平衡相比，双元平衡在仿真前期的网络知识平均水平增长速度和水平都较高，但长期来看，两种策略下的知识增长水平相差不大；当知识扩散速度为0.5、0.7、0.9时，随着知识扩散速度的增加，间断平衡下的知识增长速度和水平逐渐赶超间断平衡。上述现象说明，当知识扩散速度较慢时，双元平衡在促进网络知识水平增长方面更具有优势；当知识扩散速度较快时，间断平衡在促进网络知识增长方面随着知识扩散速度的增加而越有优势，且长期来看，间断平衡更有利于知识增长。这是因为，知识扩散速度慢意味着知识的黏度大，流动难度高，而深度搜索有利于知识转移双方惯例的形成，能够促进高黏度知识的流动，此时双元平衡比间断平衡兼顾更多的深度搜索且更能促进网络知识增长；反之当知识扩散速度快时，深度搜索不再有优势，而宽度搜索可更广泛地获取新知识，此时注重宽度搜索的间断平衡更能促进网络知识增长。

(2) 分散化程度的权变影响。在信息技术的作用下，知识和信息广泛流动，越来越多的机构或组织都能进行知识成果的创造和生产，这使得知识的分散性特征越发显著。创新网络由各种具有不同知识的创新主体相互耦合而成，其知识分散化程度可以用 f 值来衡量。当 f 值较小时，创新网络中主体的知识分布较为集中，知识分散化程度低；当 f 值较大时，创新网络中主体的知识分布较为分散，知识分散化程度高。在保持其他参数不变的情况下，分别对 $f=0.1$，$f=0.3$，$f=0.5$ 进行仿真，考察不同知识分散化程度下知识搜索平衡对知识水平增长和创新绩效的影响，仿真结果如图7-12至图7-15所示。

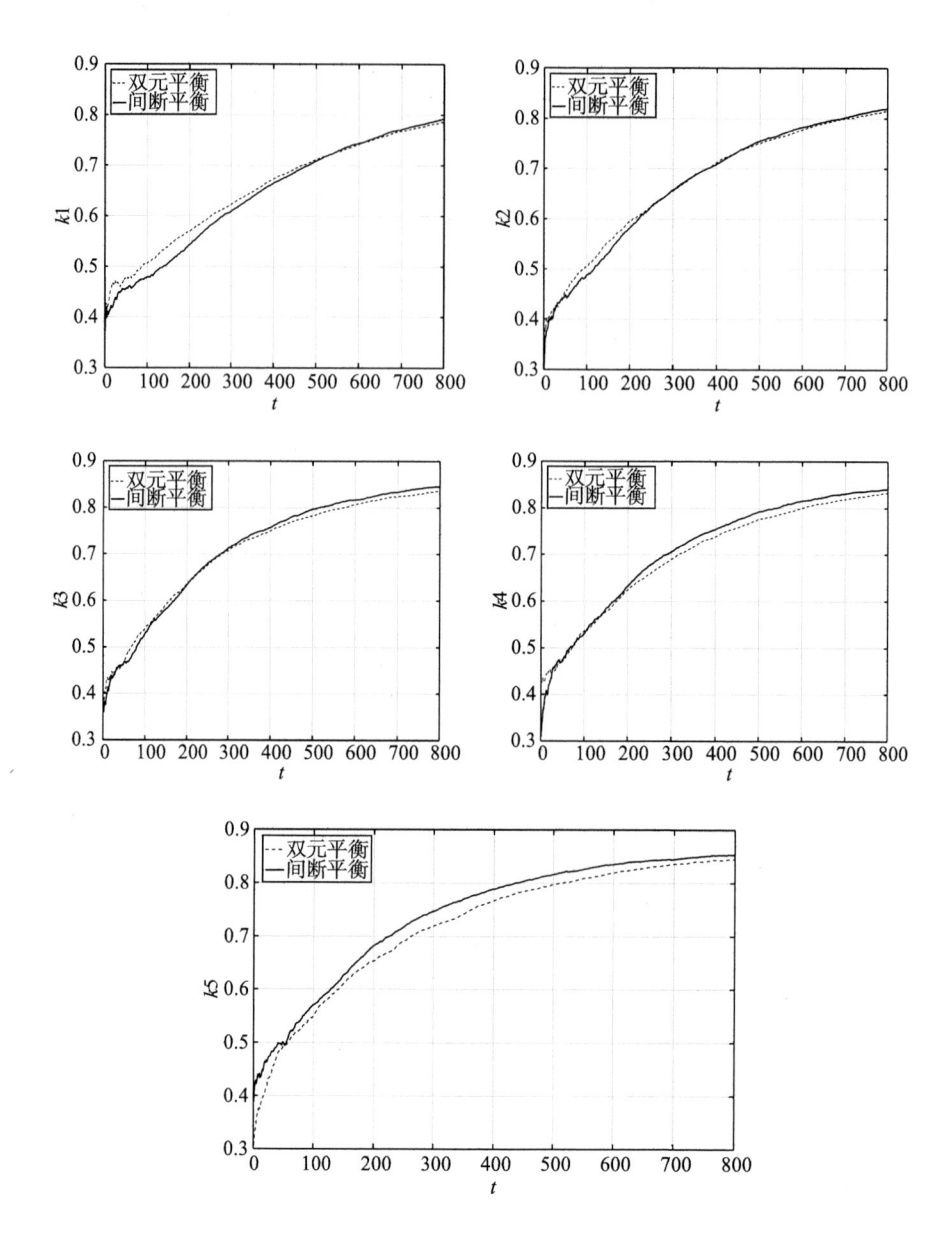

图 7-11　不同扩散速度下知识水平的演化曲线

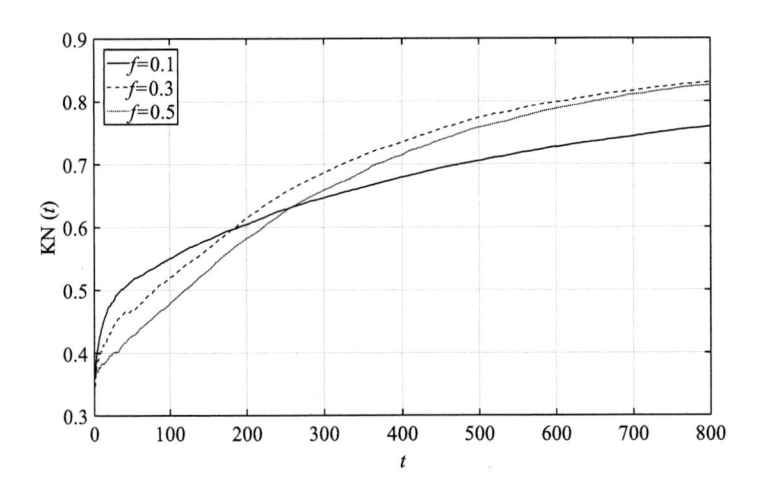

图7-12　间断平衡下的网络知识水平演化曲线

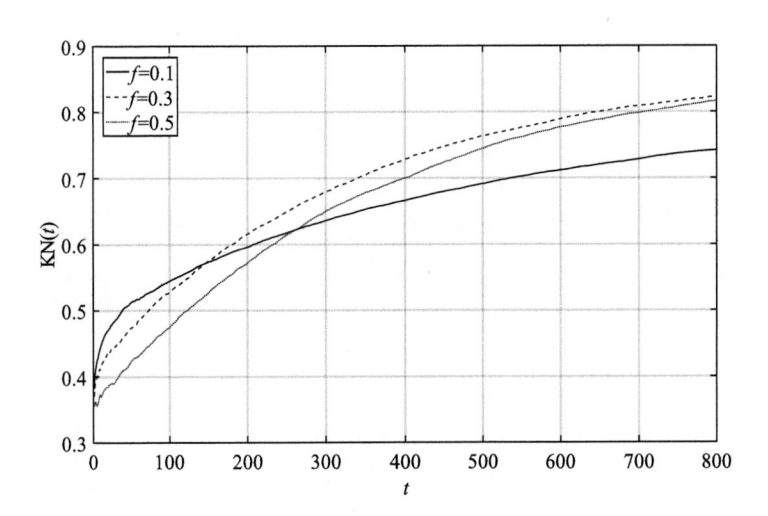

图7-13　双元平衡下的知识水平演化曲线

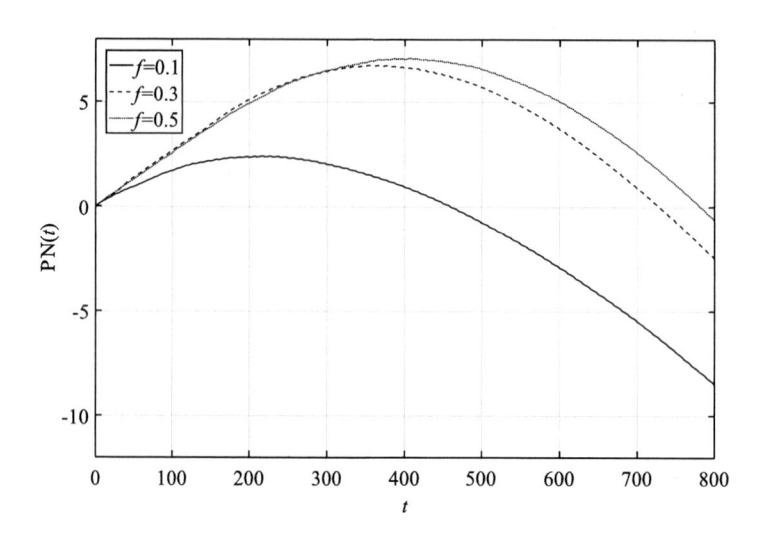

图 7-14 间断平衡下的创新绩效演化曲线

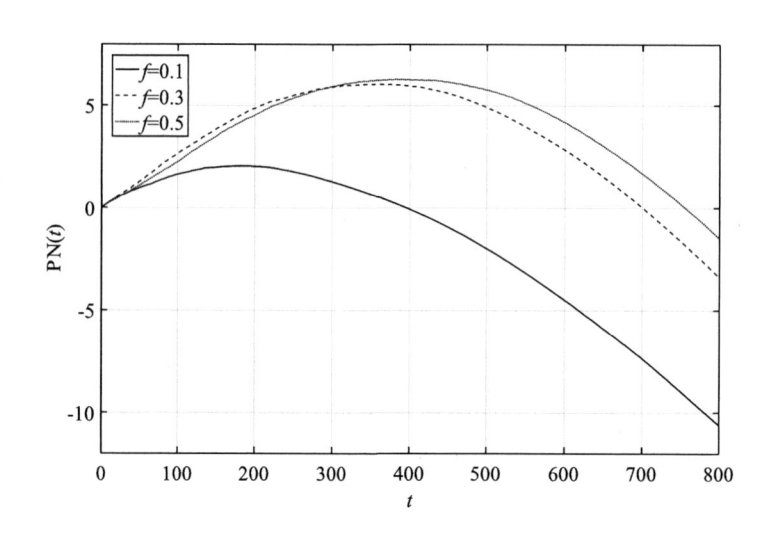

图 7-15 双元平衡下的创新绩效演化曲线

从图 7-12 和图 7-13 中可以看到，不论是间断平衡还是双元平衡，不同知识分散化程度下的网络知识水平和创新绩效的增长速度和水平的变动趋势基本相同，这说明在这两种策略下，创新网络中主体的知识分散化程度对网络知识水平和创新绩效的影响作用具有相似性。从网络知识水平变动曲线来看,在仿真前期,当$f=0.1$时的网络知识增长水平最高,其次为$f=0.3$,而$f=0.5$时的网络知识水平最低;随着仿真周期的推进,$f=0.1$时的网络知识增长速度逐渐下降,在仿真后期$f=0.3$时的网络知识水平最高,其次是$f=0.5$,而$f=0.1$时的网络知识水平变为最低。这说明短期来看知识分散程度越低越有利于促进网络知识水平的增长,但长期来看知识分散化程度的高低对网络知识水平增长的影响是有限的。

从图7-14和图7-15可以看到,无论是间断平衡还是双元平衡,$f=0.1$时的创新绩效增长速度最慢,到达峰值的速度最快,但是峰值的水平最低;$f=0.3$时的创新绩效增长速度最快,到达峰值的速度次于$f=0.1$,峰值的水平次于$f=0.5$;当$f=0.5$时的创新绩效增长速度次于$f=0.3$时,到达峰值的速度最慢,但是峰值的水平最高。这表明创新网络中的知识分散化程度越高,越有利于促进两种平衡模式下的创新绩效增长。这是因为当知识分散化程度高时,缩小了网络成员间的平均知识差距,有利于网络中知识转移效率的提升和知识搜索成本的减少,进而促进创新绩效的增长。

图7-16和图7-17进一步揭示了不同知识分散化程度下的网络知识水平变动曲线。从图7-16可以看出,当知识分散化程度低时,初始阶段间断平衡和双元平衡下网络知识水平的增长速度和程度基本相同,随着仿真周期的增加,间断平衡下的网络知识水平峰值明显高于双元平衡。从图7-17可以看出,当知识分散化程度高时,初始阶段间断平衡和双元平衡下,网络知识水平的增长速度和水平基本相同,但随着仿真周期的增加,间断平衡下的网络知识水平渐渐高于双元平衡。这说明,当知识分散化程度低时,间断平衡和双元平衡都具有较好的短期知识增长水平,而采取间断平衡能够获得较高的长期知识水平增长。当知识分散化程度高时,与双元平衡相比,间断平衡更有利于促进网络知识水平的增长。

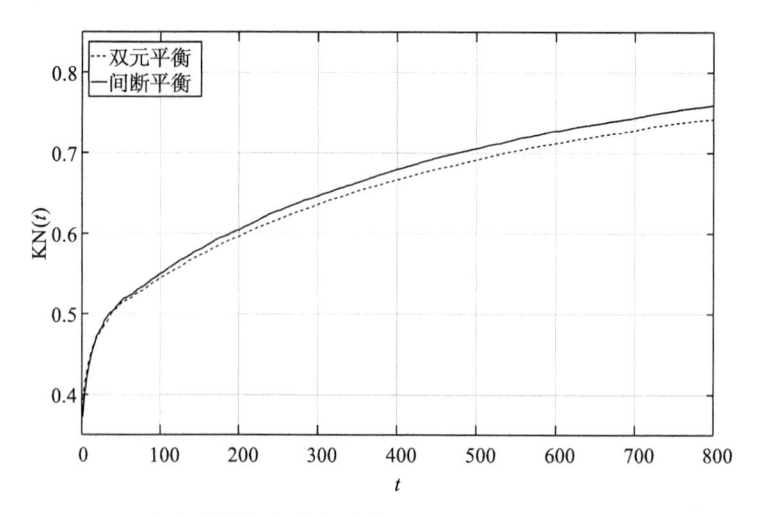

图 7-16 知识分散化程度低时的网络知识水平演化曲线（$f=0.1$）

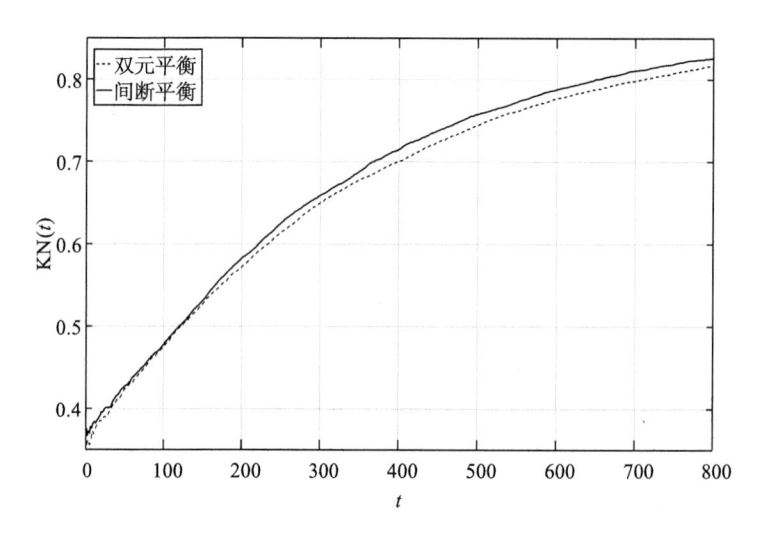

图 7-17 知识分散化程度高时的知识水平演化曲线（$f=0.5$）

图 7-18 和图 7-19 进一步比较了不同知识分散化程度下的两种平衡模式下的创新绩效演化曲线。从图 7-18 可以看出，当知识分散化程度低时，初始阶段间断平衡和双元平衡下的创新绩效基本相同，随着仿真周期的增加，间断平衡下的创新绩效峰值水平逐渐高于双元平衡。从图 7-19 可以看出，当知识分散化程度高时，从创新绩效增长速度和峰值水平来看，间断平衡明显要优于双元平衡。这表明，间断平衡比双元平衡更能适

应知识分散化程度高的创新网络环境，这是因为随着知识分散化程度的增高，网络中的知识不再集中在几个企业，而是分散在多个企业，间断平衡通过较长时间的宽度搜索快速吸收互补性资源，能够提升企业的知识整合能力，降低知识搜索的成本从而获取较高的创新绩效，而双元平衡在不断的宽度搜索和深度搜索中容易陷入局部最优。

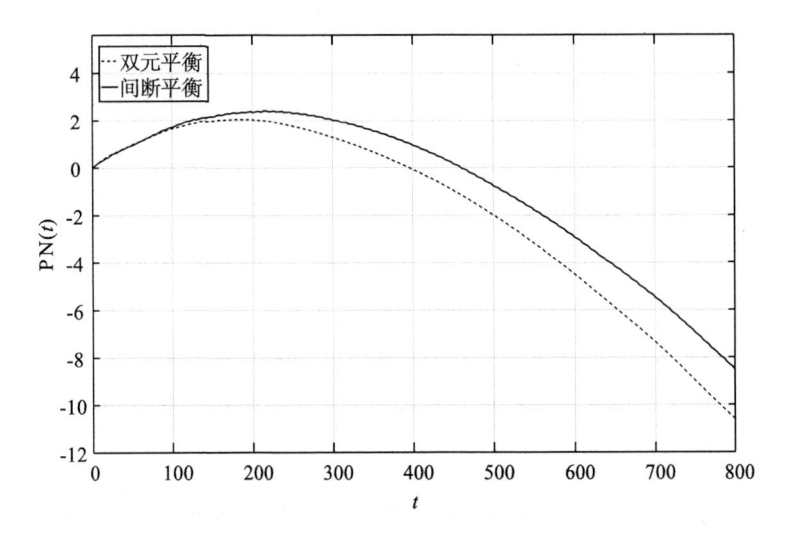

图 7-18　知识分散化程度低时创新绩效演化曲线（$f=0.1$）

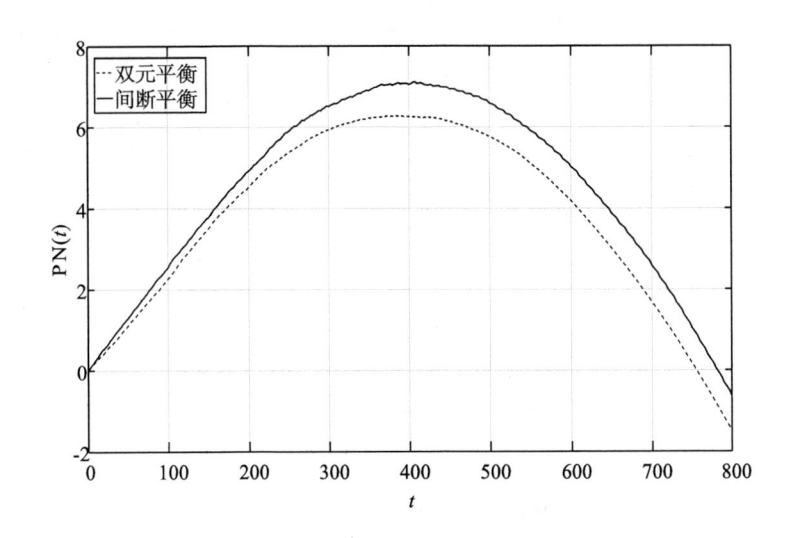

图 7-19　知识分散化程度高时创新绩效演化曲线（$f=0.5$）

7.6 管理启示

7.6.1 国家层面的政策建议

本研究的仿真结果表明（见图7-9和图7-10），创新网络的知识水平和创新绩效是协同演化的，在一定演化周期内，当创新网络演化具有更高的知识水平增长时，相应也会获得更高的创新绩效水平。由此可见，我国要建设创新型国家，推动集成创新、集群创新及创新网络的发展，应该着重在提升创新参与主体的知识水平增长等方面制定激励政策。因此，本书从以下三个方面提出具体的政策建议。

一是加大教育与科研的投入。技术研发人员是知识创造、技术创新的核心力量。与单纯的增加研发经费相比，同比例增加对研发人员的投入能获得更高的投入产出比，并且能从根本上提升创新主体的知识基础水平和潜在增长空间。并且，能促进与科研人员培养最直接相关的国家基础教育和高等教育的有效落实。但是，教育并不是某一企业或组织就能承担的事业，而是一项社会公益事业。因此，加大教育与科研的投入，是不断增强创新驱动力、提升企业创新效率和研发效能的重要手段。

二是加强知识产权保护。在创新网络中，一项创新活动往往涉及多个创新主体，"搭便车"或"逆向选择"等现象时有发生，窃取智力成果的隐患不利于创新网络中知识共享意愿和创新积极性，带来的后果是阻碍创新网络知识的流动和稳定增长的，进而不利于网络经济的可持续健康发展。然而，知识产权保护能够依法保护发明人的相关权利，是企业或组织通过产出知识创新成果获取创新收益的重要保障。因此，增强企业的知识产权保护意识、加强对知识产权侵权行为的惩罚力度、完善国际知识产权保护制度的制定等是加强我国知识产权保护的有效方式。

三是强化技术标准化战略。随着技术的发展，产业链日趋成熟，精细化分工成为必然趋势。因此，强化知识的标准化，对于推动整个行业的知识匹配和知识互融就显得尤为必要。知识的标准化不仅能够统一规范行业内企业的技术标准，促进创新合作企业间的知识沟通、知识转移，还能给那些提供了技术标准的企业享有充足的市场规模和垄断利润。积极制定技术标准强化战略是搭建我国创新体系，推动创新网络形成不可忽视的重要方面。

7.6.2 产业层面的政策建议

本研究的结果（见图7-7至图7-10）表明，在一定的演化周期内，创新网络的联结密度越低、联结强度越高时，网络的知识水平和创新绩效也相应更高。同时，本研究的结果还表明（见图7-16至图7-19）当创新网络内成员的知识分散化程度越高时，即网络成员间知识互补性越高时，创新网络能够发展出更高的知识增长和创新绩效水平。由此可见，在创新网络关系治理和网络成员协调方面制定产业政策可以有效促进创新网络的进化和企业的创新。本书从以下三个方面提出具体的政策建议。

一是推进技术创新联盟的构建。随着创新网络新成员的不断加入，以及创新主体间合作互动关系不断增强，创新网络逐渐发育成一个结构松散、关系强度高的形态，这在一定程度上为网络内的知识资源流动提供了良好的平台。因此，促进产业内的企业技术创新联盟的构建，能够很好地获得高产出的聚集效应，从而实现联盟内技术创新产出效益的最大化，有效推动产业经济和行业技术的持续健康发展。

二是推动国际创新协作研发战略。随着信息技术的发展和全球化经济进程的推进，全球信息资源快速地流动，增加了知识的异质性和互补性。创新网络中创新主体间的知识搜索、知识转移及知识创新活动，使得知识在网络内迅速扩散，促进了创新网络知识水平的增长，进而帮助创新主体的获取互补性知识、分担成本和降低创新风险、占据领先市场等。因此，推动国际创新协作研发战略有利于将国外的高互补性知识引入我国的创新网络，进而提升网络内的知识转移效率和我国企业的整体知识水平，为我国产业发展创造更多的创新机会。

三是建立产业信息平台。选择合适的创新合作对象是企业协作创新活动开展的重要环节之一。而现有网络成员知识基础水平的分布信息的统计和公开，有利于企业更清晰了解与其他网络成员的重叠知识程度，从而更有效地帮助企业减少合作创新的失误、提升创新成功的概率。然而，对于大多数企业而言，要成立一个专门收集、分析和统计现有科技资源信息的部门所耗费的成本远远超出其带来的收益，所以这几乎是不切实际的。因此，政府能够建立专门的产业信息公开平台，将是一项十分有益的公共服务。

7.6.3 企业层面的政策建议

在企业层面，本书的研究对企业的创新管理实践也提供了一些启示。研究结果表明（见图 7-7 至图 7-19）企业的知识搜索平衡策略与创新网络是协同演化的，并共同作用于创新绩效，同时知识扩散速率和知识分散化程度都会产生权变影响。由此可见，企业的搜索平衡策略制定和网络关系管理对企业创新发展和绩效提升具有重要影响。本书从以下三个方面提出具体的管理建议。

一是企业在基于创新网络制定知识搜索平衡策略时，应当综合考虑网络关系演化趋势和合作关系管理两方面。一方面，从网络关系演化趋势来看，网络关系演化越趋于紧密，越有利于企业间知识的稳定交流和共享，因此企业可以优先考虑选择网络关系演化趋于紧密的知识搜索平衡模式。另一方面，从企业合作关系管理来看，关系强度高的网络有利于企业的深度搜索，产生高效率的知识互动交流，而关系强度低的网络具有搜索异质性知识的优势，有利于企业的宽度搜索，因此企业知识搜索平衡策略的选择应根据创新网络关系的变化进行调整。

二是企业可以根据创新目标的周期长度选择合适的知识搜索平衡模式。当创新目标的周期较短时，企业选择双元平衡能够较快获取并吸收外部知识，保证短期的竞争优势；当创新目标的周期较长时，企业选择间断平衡能够节约更多的知识搜索成本，获得更高的创新绩效。

三是企业还应当考虑所需创新知识的扩散速度和分散化程度。当知识扩散速率较低时，选择双元平衡更有利于企业创新，当知识扩散速率较高时，选择间断平衡更有利于企业创新。当知识分散化程度较低时，双元平衡能够帮助企业获得短期绩效，间断平衡能够帮助企业获得长期绩效；当知识分散化程度较高时，选择间断平衡可以获得更高的短期绩效和长期绩效。

7.7 研究结论与展望

7.7.1 研究结论

本研究将动态复杂网络和复杂适应性系统视角引入知识搜索平衡的研究中，运用基于 Agent 建模和仿真的方法建立了创新网络中企业知识搜索过程仿真模型，揭示了在不同的知识搜索平衡下，企业创新网络的动态演化规律，并在此基础上，讨论知识扩散速度和分散化程度的权变影响。基于研究结果，主要得出以下三方面的结论。

（1）企业的知识搜索平衡和创新网络关系和网络结构是协同演化的，并且当企业采取间断平衡时，创新网络演化出更高的关系强度，但是不同的知识搜索平衡模式下，网络结构演化的差别不大。知识搜索平衡与创新网络的协同演化会影响网络创新绩效的增长和峰值：间断平衡下，创新网络绩效的增速更快，达到创新绩效峰值的水平更高，并且在长期内这些优势更明显；而双元平衡可以获得较好的短期绩效。

（2）知识扩散速度和分散化程度的变化会影响创新网络环境下，知识搜索平衡对网络知识增长和创新绩效的促进作用：当知识扩散速度较慢时，双元平衡更能促进网络知识水平的增长；当知识扩散速度较快时，则间断平衡更能促进网络知识水平的增长。当知识分散化程度较低时，间断平衡下的网络知识增长水平更高，并且长期来看，间断平衡比双元平衡具有更高的创新绩效峰值，但是短期内两者差异不大；当知识分散化程度较高时，间断平衡下的网络知识水平峰值较双元平衡更高，增长速度也更快。间断平衡在促进网络创新绩效增长上具有明显优势，并且这种优势比知识分散化低时更为凸显。

（3）企业和创新网络的可持续发展离不开国家、产业和企业三方面的协调管理和推动：国家层面，应该加大教育和科研的投入、加强知识产权保护及强化技术标准化战略；产业层面，应该推动技术创新联盟的构建、推动国际创新协作研发战略及建立产业信息平台；企业层面，在制定知识搜索平衡策略时，应综合考虑网络结构和网络关系的状态、知识搜索周期及知识扩散速率和知识分散化程度的影响。

7.7.2 研究局限与展望

知识搜索平衡研究虽然已经引起了学者们的关注，但在创新搜索和管理领域内，相关研究仍然处于起步阶段，知识搜索平衡与企业创新的影响作用及涉及的管理问题还有待进一步的丰富和讨论，知识搜索平衡理论仍有待完善。因此，本研究不可避免地存在许多局限，有待在今后的研究工作中进一步补充完善。总而言之，本书在研究内容和研究方法方面尚存在以下不足之处。

首先，虽然本研究从微观层面建立企业"知识搜索—知识转移—知识创新"的动态创新搜索过程来展开研究，但是企业创新搜索过程还受到组织规模、资源禀赋等因素的影响。但是本研究并不能完全考虑这些因素的作用，这会影响关于企业知识搜索平衡与创新绩效内在作用关系的探讨。

其次，本研究虽然从创新网络的角度分析了组织间的知识搜索平衡与创新绩效的影响关系，但是并没有考虑低层次创新主体与高层次创新主体的创新合作互动，即跨层次知识搜索平衡活动的形成及影响。

最后，由于数据的可获取性较低，本研究主要通过随机数据仿真的方法模拟知识搜索平衡与创新网络演化对创新绩效的影响。但是，仿真模拟方法与任何一种方法一样，都存在着缺点。例如，并不能完全真实和准确地解释现实世界，或是模拟研究基于不切实际的假设等。

基于目前的研究局限，未来的研究方向可从以下三个方面进一步深化。一是随着可获取的企业创新合作信息增多，后续研究可以结合实际的创新网络样本数据从实证研究的角度进一步讨论。二是后续研究可以从跨层次创新协作的视角，就创新网络中低层次创新主体与高层次创新主体的知识搜索平衡形成机制、影响因素及解决机制等方面展开研究。三是后续研究可以从创新需求、创新成员特征差异化等层面深入探讨创新网络成员异质性对知识搜索平衡与创新绩效关系的影响。

参考文献

[1] 刘兰剑，司春林. 创新网络17年研究文献述评 [J]. 研究与发展管理，2009，21 (4)：68-77.

[2] 贺灵，单汨源，邱建华. 创新网络要素及其协同对科技创新绩效的影响研究 [J]. 管理评论，2012，24 (8)：58-68.

[3] HARDY C, PHILLIPS N, LAWRENCE T B. Resources, knowledge and influence: the organizational effects of interorganizational collaboration [J]. Journal of management studies, 2003, 40 (2): 321-347.

[4] SCHILLING M A, PHELPS C C. Interfirm collaboration networks: the impact of large-scale network structure on firm innovation [J]. Management science, 2007, 53 (7): 1113-1126.

[5] 蔡宁，潘松挺. 网络关系强度与企业技术创新模式的耦合性及其协同演化——以海正药业技术创新网络为例 [J]. 中国工业经济，2008 (4)：137-144.

[6] LIN Z, YANG H, DEMIRKAN I. The performance consequences of ambidexterity in strategic alliance formations: empirical investigation and computational theorizing [J]. Management science, 2007, 53 (10): 1645-1658.

[7] MICHAEL B A, ROBERT J D, VALERIE J L. Communities, and industry evolution: links to complexity theory [J]. International journal of innovation management, 2001, 5 (02): 239-255.

[8] 廖守亿, 戴金海. 复杂适应系统及基于 Agent 的建模与仿真方法 [J]. 系统仿真学报, 2004, 16 (1): 113-117.

[9] 张兵, 王文平, 孟庆松. 非正式创新网络结构仿真研究 [J]. 管理工程学报, 2008, 22 (4): 62-66.

[10] 张瑜, 菅利荣, 张永升. 基于加权无标度网络的产学研合作网络演化 [J]. 系统工程, 2015 (1): 68-73.

[11] KATILA R, AHUJA G. Something old, something new: a longitudinal study of search behavior and new product introduction [J]. Academy of management journal, 2002, 45 (6): 1183-1194.

[12] YANG H, DEMIRKAN I. The performance consequences of ambidexterity in strategic alliance formations: empirical investigation and computational theorizing [J]. Management science, 2007, 53 (10): 1645-1658.

[13] COWAN R, JONARD N. Network structure and the diffusion of knowledge [J]. Journal of economic dynamics & control, 2004, 28 (8): 1557-1575.

[14] 韦铁, 鲁若愚. 技术外溢条件下企业自主创新投入问题研究 [J]. 管理工程学报, 2011, 25 (1): 83-87.